Cuando Nepal tembló

Relatos de supervivencia

VARIOS AUTORES

KOLIMA
BOOKS

Título original: *Cuando Nepal tembló*
Octava edición: Noviembre 2016
©2016 Editorial Kolima, Madrid
www.editorialkolima.com

Autor: Varios autores
Dirección del proyecto: Alba Castellet y Jota Martínez Galiana
Dirección editorial: Marta Prieto Asirón
Diseño de infografía: Virginia Contreras López
Maquetación: Sergio Fernando Borrás Martín
Maquetación de cubierta: Patricia Fuentes

Foto de cubierta: *A young woman from Shreshta family, who lost her sister in the earthquake, on her way to fetch water in the ruins of Saurpani village, Gorkha District, Nepal. 1 May 2015, six days after the earthquake;* por Maciej Dakowicz
Foto de contracubierta: Jordina Anguera
Impresión: Cimapress

ISBN: 978-84-163643-0-5

UN ESFUERZO COLECTIVO

Námaste[1], y gracias por comprar este libro. Tu inversión irá destinada a proyectos de cooperación que contribuyen a mejorar la calidad de vida de los nepalíes tras el terrible terremoto que el 25 de abril de 2015 causó miles de muertos, devastó aldeas enteras y monumentos milenarios e hizo el Everest dos centímetros y medio menos inexpugnable, según las mediciones de la Agencia Espacial Europea.

Hemos reunido en estas páginas un puñado de testimonios de personas comunes que por azares del destino nos vimos en medio de una situación excepcional. Los que aquí escribimos somos viajeros de espíritu inquieto que ansían conocer otros países mezclándose con sus habitantes y conversando con ellos en sus cafés, voluntarios que buscan ayudar mientras aprenden, trabajadores que han querido establecerse en un entorno totalmente diferente de aquél en que crecieron, estudiosos de lenguas y espiritualidades ajenas y amantes de la Naturaleza para quienes las montañas son espacios sagrados.

Nepal es un país tremendamente pobre en términos estrictamente materiales, pero enormemente rico en otros aspectos que, según se mire, pueden llegar a ser más importantes. Verdaderamente se respira una energía diferente en las estribaciones del Himalaya y eso es principalmente gracias al carácter del pueblo nepalí. Pero algo aportamos también los que allí viajamos con la mente abierta y el ánimo dispuesto a empaparse de todo, pues es mucho lo que puede ofrecer esta joven república.

Valga la reflexión anterior para destacar el espíritu solidario y el buen talante de muchos, no sólo de los que escribi-

---

1   *Námaste* es una expresión de saludo originaria de India. Se usa en varias tradiciones budistas así como en numerosas culturas en Asia, tanto como el hola y el adiós del idioma español, para saludar, despedirse, pedir, dar gracias, mostrar respeto o veneración y para rezar. Fuente: Wikipedia.

mos en este libro, de los que nos vimos envueltos en esta catástrofe y tuvimos la suerte de poder vivir para contarla. En el crisol de experiencias en el cual estás a punto de sumergirte, verás que una constante es la ayuda desinteresada que todos recibimos por parte de los nepalíes: guías que dejan a sus familias para salir en busca de sus clientes, familias humildes que comparten su comida con occidentales, desconocidos que transportan a españoles a su consulado o deciden quedarse unas horas a hacer compañía a una voluntaria aterrorizada. Aunque sólo sea por devolver parte de la ayuda recibida, uno siente que no puede abandonar ese país sin más.

Y aun así, acostumbrados al egoísmo cotidiano de nuestra sociedad, era sorprendente observar cómo también los supervivientes (salvo muy contadas excepciones), se preocupaban tanto de los nepalíes como de ellos mismos. Ya en las oficinas de la constructora que se estableció como campamento base para nuestra repatriación, dos de las autoras que aparecen en este libro organizaron una colecta de ropa y utensilios para distribuirlos posteriormente entre los nepalíes necesitados. Desde el hotel de Delhi al que fuimos evacuados, otra chica que trabajaba en Nepal para una ONG ya estaba pidiendo contactos y trabajando con su ordenador para hacer posible la instalación de una planta potabilizadora en la localidad donde había estado viviendo hasta dos días antes. En la puerta del aeropuerto de la capital india, una chica música recogía las rupias nepalíes sobrantes para donarlas al conservatorio en el que había estado trabajando. Un epidemiólogo se puso en contacto con varias ONGs para preguntar si sus conocimientos podrían ser de utilidad. Son ejemplos de cómo hay muchas maneras de ayudar, diferentes a quedarse, arremangarse y ponerse a retirar escombros –muchas veces algo difícil o imposible.

Las dos personas que ideamos este proyecto nos conocimos en el consulado de Katmandú, donde pasamos un par de horas esperando noticias de la embajada. Veíamos estas muestras espontáneas de solidaridad bien organizada y nos preguntábamos qué podíamos hacer, un periodista reconvertido en traductor y una licenciada en mercadotecnia, para ayudar a los nepalíes. La respuesta la tienes ahora en las manos: un libro con testimonios de supervivientes de aquel terremoto cuya recaudación irá destinada a proyectos de cooperación en Nepal. La idea se gestó en una cena entre recién conocidos, tomó forma en una reunión improvisada en el avión que nos llevaba de vuelta a España y se apuntaló con el entusiasmo con el que la editora Marta Prieto Asirón recibió el proyecto. Por supuesto no fue más que una entelequia hasta que los supervivientes contactados respondieron a nuestra llamada y enviaron sus relatos. A la editorial Kolima y a todos ellos, gracias por hacer posible que hayamos pasado de las ideas a los hechos.

Esperamos, querido lector o lectora, haber conseguido ofrecerte un libro ameno e interesante. Encontrarás un abanico de relatos en los que la destrucción, el desconcierto, el dolor y la pérdida desembocan en un rayo de esperanza. Un punto de reunión de voces y miradas dispares sobre un mismo suceso, experiencias distintas vividas en un mismo país a una misma hora fatídica. Un racimo de reflexiones sobre lo que supone sobrevivir a un desastre natural y cómo experimentar algo así te cambia para siempre. Un esfuerzo colectivo que todos, tú incluido, hemos hecho posible.

Por eso, una vez más, gracias por comprar este libro. Esperamos que disfrutes con su lectura.

Alba Castellet Menchón y Jota Martínez Galiana

NOTA DE LA EDITORA

A principios de mayo de este año, recibí una llamada de un número de teléfono desconocido. Jota Martínez Galiana se presentó como un periodista que quería proponerme un proyecto editorial: editar y publicar un libro solidario de relatos escritos por españoles que se encontraban en Nepal en el terremoto del 25 de abril con el fin de recaudar fondos para ayudar a las necesidades de ese país después de la catástrofe. No lo dudé. Inmediatamente le contesté: «Cuenta conmigo». La llamada no podía llegar en mejor momento: yo seguía con detenimiento los recientes acontecimientos pues es un país por el que siempre he sentido un cariño e interés especial y además había organizado un viaje país con mi marido en julio para visitar a nuestra hija de 18 años que tenía previsto estar allí en esas fechas participando en un programa de voluntariado. Lamentablemente, dada la gravedad del terremoto, tuvimos que cancelar nuestros planes. Por eso recibí la propuesta de Jota con entusiasmo: lo consideré un regalo para poder contribuir de alguna manera a ayudar a los damnificados de la tragedia.

Para mí ha sido un honor participar como editora en el eficaz equipo de trabajo virtual que se ha creado espontáneamente entre Jota, Alba Castellet, Javier Picón y el resto de protagonistas escritores de este libro a los que voy descubriendo con la lectura de los diferentes relatos. Aun no habiendo estado con ellos durante aquellos días intensos, realmente ya me siento como si fuera parte del grupo. Sus historias conmueven y enseñan la vida misma, tanto a los que como yo somos viajeros apasionados, como a todos los que quieran sorprenderse al arañar algo más eso que denominamos el «alma humana».

Curiosamente me encuentro revisando el manuscrito re-

cibido mientras estoy haciendo un viaje con mi familia por
Ecuador. El volcán Cotopaxi, después de 137 años, ha despertado emitiendo varias –y parece que importantes–, explosio-
nes de ceniza y piedras. Estamos en el aeropuerto de Quito
intentado poder coger el vuelo que teníamos que haber tomado ayer pero que se canceló como consecuencia de la nube de
ceniza suspendida en el aire. Acaban de declarar el estado de
emergencia en Quito. Aunque nuestra situación es muy diferente de la de todos los supervivientes de la tragedia del terremoto de Nepal –pues en ningún momento corremos peligro–,
no puedo dejar de sentir y acordarme de todos ellos, de los
nepalíes y de toda la gente que sufre por desastres naturales
que castigan siempre con mayor dureza a los más pobres del
planeta. Para los que somos afortunados de no habitar tierras
tan peligrosas, estas experiencias –vividas o leídas– siempre
constituyen una oportunidad para reflexionar sobre nosotros
mismos y para agradecer todo lo que tenemos.

Querido lector, gracias por participar también en este
proyecto. En los relatos descubrirás, no sólo la historia de una
tragedia vivida en carne propia por sus protagonistas –con
el atractivo de poder observar los mismos acontecimientos
desde los ojos de personas muy distintas, como si de un rico
crisol se tratara–, sino que podrás seguramente descubrir
muchas cosas sobre el ser humano: la bondad que habita en
las personas y que sale a relucir en momentos extremos, la
solidaridad y la nobleza del pueblo nepalí y también de muchos otros que actuaron como héroes silenciosos cuando se
les puso a prueba.

Espero que disfrutes y sientas, como yo, la satisfacción
de participar en algo importante.

Marta Prieto Asirón
Quito, 15 de agosto 2015

ÍNDICE

4. Calles demasiado estrechas (sorprendidos en medio de la ciudad)

5. Cuando se borraron los caminos del Himalaya (senderistas)

6. Nepal se merece nuestra ayuda

Ubicación de los autores en el momento del terremoto

Capítulo 1

UN PAÍS QUE NO LLEGUÉ A CONOCER

LOS RECIÉN LLEGADOS

15 MINUTOS
M. (31 AÑOS)

This flight has been delayed. Un retraso de tres horas en un vuelo regular de Nueva Delhi a Katmandú fue el inicio de una corta aventura. Y es que, una vez toqué tierra en Nepal, la tranquilidad duró en mi viaje únicamente 15 minutos.

Una vez pagado el visado y mientras mi equipaje de mano aún se encontraba en el escáner del aeropuerto, la paz tocó a su fin. Primero fue la luz. Vi cómo se paraba la cinta sobre la que se movía mi equipaje de mano y cómo parpadeaba la iluminación del techo. Después el suelo. Una fuerte sacudida inicial fue rápidamente acompañada por un temblor continuo. El arco de seguridad se cayó al suelo y el escáner comenzó a tambalearse como si de una caja de cartón vacía se tratase. Miré a mi alrededor. Las personas que aún estaban esperando sus equipajes facturados en las cintas transportadoras dejaron atrás sus pertenencias y comenzaron a correr en dirección a la salida. El falso techo y las lámparas caían entre la multitud que huía.

Ahora pienso en eso que dicen de que en momentos así las decisiones se toman en microsegundos y en base a lo aprendido. Hace poco leí un libro titulado Cómo decidimos, de Jonah Lehrer. En él se explica cómo las decisiones que uno adopta en la vida (incluso aquellas que consideraríamos instintivas), se toman en base a una colección de información basada en la experiencia. No tardas prácticamente nada en recopilar todo lo que puedes saber del asunto y el subconsciente elige cuál crees que puede ser la decisión más apropiada. No sé en qué medida se puede aplicar esto a lo que viví en esos segundos, pero mi parte más irracional resultó ser mucho más sensata de lo que yo hubiese imaginado en un principio.

Corrí, claro que corrí, pero no seguí hacia la puerta. Quizá esas películas de catástrofes con las que nos bombardea

Hollywood fueron una pieza importante de esa colección de recuerdos que me ayudaron a decidir detenerme junto a uno de los pilares más grandes del aeropuerto. Lo abracé. Una azafata y otro viajero que posiblemente se habían tragado la misma bazofia hollywoodiense hicieron lo propio. Acabamos los tres abrazados a la columna.

Unos segundos más tarde, la azafata, desafiando a su colección de información, me dijo: «We shouldn´t stay, we have to get out of here». Le dije que me parecía correcto y que corriese mucho hacia la salida. Fue entonces cuando recordé que mi mochila con mi documentación, mi teléfono y mi dinero, se encontraba todavía en el escáner, así que no titubeé. Me dirigí rápidamente hacia esa máquina que no paraba de pegar brincos y me introduje en ella. Saqué de allí todas mis pertenencias y corrí hacia la salida.

Una vez afuera fui plenamente consciente de que lo que acababa de ocurrir era un terremoto. Además los lugareños estaban muy nerviosos, prueba de que lo ocurrido no era algo habitual en aquel país. En ese momento pensé que no me había parado a preguntarme sobre la actividad sísmica de ese país en ningún momento previo al viaje. También me di cuenta de que el Himalaya no podía haberse formado solo. Me culpé por no haber pensado un segundo en ello antes de planificar el viaje.

Tres fuertes réplicas siguieron al primer terremoto. Estaba en un país que no conocía, sin compañía y en una situación adversa, pero mi único pensamiento era que no tenía ningún techo que se me pudiese caer encima y con eso me bastaba.

Horas después del primer seísmo, y sin ser aún consciente de la magnitud de lo ocurrido, decidí que pese a no tener más que mi equipaje de mano, tenía que dirigirme a Katmandú para encontrar el lugar donde iba a pasar la noche. Hablé con un taxista y le indiqué el nombre del hostal que tenía reservado.

En el camino vi las calles llenas de gente, desconcierto y daños materiales. Pese a que muchas estructuras habían sido dañadas, no vi más que dos viviendas de poca altura derrumbadas.

Al llegar al barrio donde estaba el hostal y ver la notable antigüedad de sus edificios y sus estrechas calles, le dije al conductor que por favor me sacase de allí y me llevase a un hotel en la periferia de la ciudad. Le pedí expresamente que fuese nuevo o seminuevo, que tuviese como máximo dos plantas y que no estuviese rodeado de edificios más elevados. Las réplicas continuaban.

Dicho y hecho. El conductor me llevó a un hotel con las características solicitadas situado no muy lejos del aeropuerto. El lugar parecía seguro, tenía agua y, en ocasiones, luz e Internet.

Fue la conexión a Internet la que me permitió establecer contacto con mi familia y amigos de España. Ellos me comenzaron a mandar información sobre lo ocurrido y fue entonces cuando fui consciente de la magnitud del fenómeno natural que había vivido horas antes. La noche caía, y pese a que sabía que estar bajo techo no era lo mejor que podía hacer, no quería pasar la noche en la calle solo. Temía por mi seguridad. Así que decidí lo siguiente: iba a dormir, (o al menos a tumbarme en aquella cama de la segunda planta del hotel), con la ropa puesta y todas mis pertenencias guardadas en mi pequeña mochila al lado de la cama. Fue una de las peores noches de mi vida.

Cada vez que percibía el temblor de una de las réplicas y escuchaba los consiguientes gritos en la calle, ponía en marcha de mi plan de escape. Éste consistía en que, cada vez que notaba que la cama se movía, yo saltaba de ella, cogía la maleta y salía corriendo hacia la calle. Lo pude hacer al menos unas diez veces durante aquella noche. Finalmente, como a las 3.00 h de la mañana, caí rendido por el sueño. Dos días más tarde me dijeron que una de las réplicas más fuertes había sido precisamente a las 4.00 h esa noche. Mi cansancio había podido más que la escala de Richter.

A las 5.30 h, en cuanto amaneció, cogí mis cosas y me dirigí caminando hacia el aeropuerto. Ese día tenía programado un vuelo a Pokhara, que ya había decidido perder, antes de saber que mi decisión era totalmente irrelevante: no salían ni llegaban vuelos comerciales. Tras unas horas esperando pude recoger todo mi equipaje.

Haciendo uso de la información recibida desde España, decidí dirigirme a pie a la delegación consular de España en Katmandú. Resultó ser un hotel habilitado a tal fin. Al llegar allí pregunté por la persona responsable. Me dijeron que debía esperar unas horas antes de que me pudiese atender. Fui al patio del hotel, donde algunos turistas europeos habían establecido una suerte de campamento base.

Con mi segunda pregunta tuve algo más de suerte: «¿Hay españoles aquí?»

Cinco viajeros de España se encontraban en el patio. Tras comentarles mi situación me insistieron en que debíamos permanecer unidos. La unión hace la fuerza, dicen (aunque esa fuerza fuese ridícula en comparación con la que seguía viniendo desde abajo).

La falta de información por parte de las autoridades españolas era compensada con cómodas tumbonas y comida para todos. Turistas leyendo, durmiendo, riendo, comiendo. Un paraíso en medio del caos.

A ese paraíso vinieron a visitarnos unos ángeles. Dos personas de una constructora española que opera en Katmandú acudieron en búsqueda de españoles a los que invitar a unas oficinas cercanas al aeropuerto, totalmente seguras, con agua y conexión a Internet. Nuestra primera respuesta fue una negativa. El grupo permanecería unido y la mayoría había decidido continuar cerca de las «autoridades oficiales». Hasta que llegó otra réplica.

Una réplica de casi 7 puntos en la escala de Richter comenzó a zarandear el hotel como si fuera de gelatina. La percepción del riesgo fue tal que una vez se detuvieron los temblores decidimos que el paraíso podía esperar un poco más, y que la decisión más inteligente para el grupo era desplazarnos a la constructora.

Mientras los temblores continuaron, el punto de reunión de los españoles en Nepal fueron esas oficinas. Un centro logístico en constante comunicación con la embajada de España en la India –responsable de Nepal– que fue dando refugio a distintos grupos de españoles que llegaban en pequeñas oleadas. El magnífico trabajo de la cónsul española tuvo como resultado que las oficinas se convirtiesen en nuestra casa solamente dos días hasta que pudimos ser evacuados.

Atrás dejamos un país devastado, unas realidades que yo no llegué a conocer, por suerte o por desgracia. Y un sentimiento de culpa, pues nunca sabes hasta qué punto tu presencia en el país podría haber sido mínimamente constructiva.

Quince minutos en el Nepal de las guías y tres días en el que no aparecía en ningún libro. Toda una vida para reflexionar sobre adónde puede conducirte una decisión tomada en microsegundos.

DE LAS RISAS DE LOS NIÑOS A LOS GRITOS DE DESESPERACIÓN
Rocío Vila Miralles (32 años) y Diego Gómez Herrero (35 años)

Después de dos años planeando ascender al campo base del Everest, el 25 de abril del 2015 llegamos, por fin, a nuestro destino soñado. Nepal, Katmandú, el pueblo nepalí... nos recibieron como sólo ellos saben, con los brazos abiertos, una sonrisa enorme y el más cariñoso Námaste. Era muy temprano, así que nos acompañaron a nuestro hotel donde nos invitaron a un té mientras preparaban nuestra habitación. Agotados tras los interminables vuelos decidimos dormir un rato y reponer fuerzas antes de perdernos por el centro de Katmandú y empezar a descubrir los rincones de una nueva ciudad para iniciar nuestro viaje.

No habíamos cerrado los ojos siquiera dos horas cuando todo empezó a temblar. Primero fue un temblor suave cuya procedencia aún no lográbamos identificar desde nuestro estado de ensoñación. Un temblor que rápidamente fue cobrando fuerza, aumentando su intensidad, hasta que pronto la cama se tambaleó de un lado a otro mientras nosotros, ya despiertos pero aún desorientados, no lográbamos entender qué estaba pasando. Las risas de los niños que antes jugaban en el jardín y en la piscina del hotel habían sido sustituidas por gritos de terror. Cuando pareció que el temblor arreciaba logramos bajar por las escaleras hasta el jardín y reunirnos con el resto de huéspedes y el personal del hotel, que se encontraban tan confundidos y asustados como nosotros. Pasamos horas en el aparcamiento descubierto del hotel, esperando. Esperando información, esperando la siguiente réplica, esperando un balance de la situación, esperando cobertura para poder avisar a nuestras familias. Es curioso cómo ese día y los otros dos que lo siguieron hasta nuestra evacuación a Nueva Delhi, las horas giraban en torno a conseguir agua y algo de comer, lograr conectarnos a la red wifi –imprevisible e intermitente– para comunicarnos con nuestras familias, esperar a que volviera la luz para poder cargar el móvil, averiguar cualquier información sobre la gravedad de la situación y la posibilidad de ser evacuados. Ese día, más que ninguno, primó la desagradable sensación de desinformación. Fue imposible localizar a nuestro contacto nepalí; los teléfonos de emergencia 24h no funcionaban. El caos reinaba en todo el país. Fue una larga noche en la que fuimos incapaces de pegar ojo, en alerta como estábamos ante cada nueva réplica. Llegó el día y nos aconsejaron no movernos del hotel. Pocas horas después de la segunda réplica intensa recibimos un correo electrónico desde España con los teléfonos de la embajada en el cual nos informaban de que estaban reuniendo a los españoles en el consulado para facilitar la evacuación.

Al llegar al consulado nos impresionó la organización de los nepalíes. Estaban registrando a todos los extranjeros que habían acudido allí, improvisando camas, cocinando algo de cena para todos nosotros. Los nepalíes que trabajaban en el consulado tenían su propia historia, sus familias, sus casas… y sin embargo se volcaban en nosotros. Impactaba realmente su aceptación y hospitalidad desmesuradas, que anteponía a su propio sufrimiento.

No llevábamos demasiado tiempo allí cuando aparecieron los trabajadores de la empresa constructora San José. Fueron ellos quienes trasladaron a todos los españoles a sus oficinas junto al aeropuerto. Allí estaríamos seguros en caso de nuevas réplicas, y llegado el momento, nos facilitarían la evacuación. Las horas en las oficinas se hicieron interminables.

Es cierto que vivimos momentos de incertidumbre, tensión, ansiedad, agotamiento físico y mental… pero no todo lo que vivimos en Nepal fue desagradable ni mucho menos. Nos dimos cuenta de que en momentos así las personas sacan lo mejor de sí mismas y eso fue una muy grata sorpresa. Cada vez que alguien conseguía comprar algo de comer o beber no dudaba en compartirlo con el resto. Un momento muy emotivo fue la creación de «la mesa solidaria», donde entre todos conseguimos recolectar ropa, zapatos, medicamentos… con el fin de poder entregarlo a familias necesitadas nepalíes.

Es de destacar la labor de acogida de los españoles por parte de los trabajadores de la constructora San José, así como la gestión de Laura, la cónsul, y su equipo, porque no debió de ser nada fácil agilizarlo todo para poder evacuarnos en tan poco tiempo.

El momento de la evacuación fue uno de los de máxima tensión. Era de madrugada, estábamos viviendo una mezcla de agotamiento y euforia. Recuerdo esos sentimientos encontrados, de sentirnos privilegiados por poder abandonar el país justo cuando se agotaban las reservas de agua potable. Pero en el aeropuerto presenciamos algunas escenas que reflejaban la desesperación de los que no habían sido tan afortunados y llevaban días allí intentando salir de Nepal. Finalmente subimos al avión. Fue el primer momento en que aflojamos un poco la tensión. Creo que a los pocos minutos la gran mayoría nos habíamos quedado dormidos, extenuados.

A día de hoy seguimos repitiéndonos la suerte que tuvimos. Hay veces que la vida se decide en un instante, en unas horas. Una decisión aparentemente banal puede cambiar por completo el curso de los acontecimientos. En nuestro caso fue así. Si hubiésemos aterrizado tan sólo un día antes, el terremoto nos habría sorprendido en alta montaña. Si hubiésemos descansado en el avión, habríamos salido a hacer turismo por Katmandú y nos habríamos encontrado en Thamel, donde las consecuencias fueron mucho más terribles.

Hay situaciones en la vida que eres incapaz de prever, incapaz de imaginar cómo reaccionarías si tuvieras que enfrentarte a ellas. Una vez en casa, desde la seguridad del hogar, empezó el proceso de asimilación. Éramos conscientes de que éste iba a ser igual o más difícil que los días vividos en Nepal. La vuelta requirió un periodo de readaptación importante, empezando por nuestros cuerpos, que en tan sólo unos días parecían haber olvidado lo que es hacer varias comidas al día o descansar siete u ocho horas. Sin embargo, lo más duro fue a nivel mental. Volver supuso un amasijo de sensaciones: alegría, culpa, euforia, impotencia, agradecimiento, compasión... No es fácil volver a tu «vida normal» sabiendo todo cuanto se queda allí, y siendo consciente de que podrías no haber vuelto para escribir un testimonio como éste.

No dejamos de oír que Nepal es un país muy pobre, sin apenas recursos, pero mucho podríamos aprender de su increíble capacidad de aceptación, que parece no conocer límites. Creo que para muchos de los que estuvimos allí fue un punto de inflexión en nuestras vidas.

Hasta pronto, Nepal.

EL 25 DE ABRIL NO ERA NUESTRA HORA
Montse Martínez

«Mamá, ¿por qué no te animas y te vienes conmigo a Nepal? Llevo compartiendo contigo tantas ilusiones durante varias semanas preparando este viaje que he pensado que lo podíamos hacer juntos. Por otra parte la habitación que me han reservado mis amigos en su casa tiene una cama de matrimonio, y como además te conocen de otras ocasiones, estarán encantados de que vayamos juntos. También he hablado con papá y le parece estupendo que hagamos este viaje tú y yo. Así tú me puedes ir leyendo algunos de esos textos que tienes en tu tableta y que tanto te gustan sobre meditación y paz espiritual mientras recorremos unos paisajes únicos o visitamos templos budistas».

Es un tren en marcha que pasa delante de mí y siento que quiero subir en él. Me gustaría averiguar más cosas sobre Nepal pero mi hijo Pedro quiere que todo sea una sorpresa para mí. Le hace ilusión tomar las riendas del viaje y ser el guía de su madre. A cambio está dispuesto a que yo sea su «asesora espiritual» y quiere dejarse impregnar de esas reflexiones que ambos compartimos de cuando en cuando en torno al profundo tema del sentido de la vida.

Y así llega el miércoles 22 de abril. Montse: AVE Zaragoza-Madrid y avión Madrid-Catar. Pedro: avión Paris-Catar, en cuyo aeropuerto empieza nuestro viaje en común.

Encuentro emocionado de madre e hijo. Resulta excitante y exótico habernos dado cita en Catar. Todavía nos parece mentira que vayamos a hacer ese viaje juntos.

Las horas siguientes pasan rápidas envueltas en largas conversaciones mientras volamos a Katmandú.

Ya es de noche cuando tomamos nuestro primer contacto con la ciudad. Impacta el caos circulatorio acompañado del ruido de múltiples cláxones que no cesan de sonar en ningún momento.

Abrazos y alegría al llegar a casa de Hendrick y Goiz. Los gemelos de 9 meses ya duermen. Los demás no tardamos en hacerlo. Hace 30 horas que salimos de nuestras respectivas casas en Zaragoza y París.

Son las 9.00 h del 24 de abril cuando obtenemos la primera imagen de la ciudad a través de la ventana de nuestro dormitorio, en el primer piso de una casa situada en la falda de una colina desde la que se divisa buena parte del valle y de la gran urbe que es Katmandú. Comprendemos que estamos en el Tercer Mundo.

Por la noche, tras visitar la ciudad, mientras compartimos con nuestros amigos los últimos momentos del día, Hendrik nos explica que esa caja metálica, grande y rectangular que se halla en un extremo del jardín es «la caja del terremoto». Para nuestra sorpresa nos cuenta que el último gran terremoto de Nepal, de más de 8 puntos en la escala de Richter, tuvo lugar en 1936 y que está constatado que la frecuencia de esos terribles movimientos telúricos nunca es superior a los 100 años. Dado que ya han pasado 81 años desde el último gran terremoto, cuando llegan a Katmandú los funcionarios de Naciones Unidas reciben formación sobre cómo actuar en caso de movimiento sísmico y qué tener en casa para poder sobrevivir en los días siguientes. Como buen alemán, Hendrik tiene todo lo necesario en su «caja del terremoto» porque nunca se sabe, puede ocurrir mañana, la semana que viene, el próximo mes, dentro de pocos años...

Nos vamos a la cama con la cabeza llena de las impresionantes imágenes de nuestras visitas del día. Tratamos de conciliar el sueño intentando ignorar los insistentes ladridos de unos cuantos perros.

Hemos puesto el despertador a las 7.15 h, pero cuando nos despertamos son las 9.45 h. Suponemos que el desfase horario se ha impuesto a la alarma del despertador. Nos apresuramos a arreglarnos, pues queremos llegar cuanto antes a Bhaktapur, la joya de la corona del patrimonio nepalí.

Tras desayunar en compañía de nuestros amigos, a las 11.40 h cogemos un taxi con cuyo conductor apalabramos pasar el día juntos. Nos va a llevar hasta la plaza Durbar de Bhaktapur. Nos esperará durante tres horas para que visitemos todo con calma y luego nos traerá de regreso a casa.

Son las 11.54 h. Madre e hijo estamos en animada conversación sobre los planes del día. Nuestro taxi, tocando el claxon sin cesar, intenta avanzar por uno de los siempre atascados puentes debido a la enorme cantidad de motocicletas y bicicletas que en ellos se concentran.

—Vaya, un accidente de motocicleta. Otro. Otro. Y las bicis...

Unas y otras van cayendo desplomadas al suelo. Ésas son las últimas imágenes que retienen nuestras retinas antes de sentir que nuestro taxi se tambalea. ¿También a nosotros se nos ha podido pinchar una rueda? Las ventanillas abiertas permiten que llegue hasta nosotros un rugido sordo. Imposible que ese vaivén del coche sea debido a un pinchazo. Por las ventanillas empieza a entrar un grito humano colectivo. Sólo entonces comprendemos que se trata de un terremoto.

—Corre, sal del taxi. Estamos en un puente.

Salimos uno por cada puerta. Nos cogemos de la mano y corriendo cuanto nos permiten las piernas, conseguimos alcanzar suelo firme. Todo lo firme que puede ser un asfalto que se agita hasta casi hacerte perder el equilibrio mientras ves cómo las fachadas de los edificios que te rodean se tambalean como decorados móviles de cartón.

Al cabo de medio minuto, el terrible temblor, el rugido de la tierra, el grito humano... todo cesa. El terremoto ha tenido una intensidad de 7,9.

Estamos en la única carretera asfaltada de la ciudad, la que lleva al aeropuerto. Las casas son relativamente buenas en ese eje central y todas han resistido. Nuestro taxista insiste en continuar con la excursión. En nuestro aturdimiento, nos dejamos convencer para continuar el viaje. Unos cientos de metros más adelante el ejército corta la carretera, que tiene una profunda brecha. Nos desviamos por calles menos principales. Casas derrumbadas, gente corriendo por todas partes. Nuevas sacudidas.

Pagamos al taxista y salimos corriendo hacia una explanada que hemos visto unos cientos de metros atrás. Van cayendo cascotes mientras corremos.

Con la respiración entrecortada alcanzamos esa explanada a la que irán llegando muchas más personas y coches en las horas siguientes. Y en la que acabaremos pasando la noche, a pesar de que llegamos apenas pasadas las 12.00 h del mediodía. Nos aconsejan no movernos de allí, no recorrer ninguna calle.

Allí somos los únicos occidentales. Días después sabríamos que el hotel Hyatt estaba junto a la explanada y que allí se alojaron en carpas gran parte de los extranjeros durante los primeros días.

Námaste. Gente que habla un poco o nada de inglés se nos acerca sonriente. Nos dan bebida, nos prestan cojines. La directora de una escuela próxima nos invita a cenar bajo la uralita del patio a la luz de las velas junto a los universitarios que se alojan en su residencia. Los rumores de nuevas sacudidas importantes desaconsejan quedarse en el patio del colegio. Volvemos con mantas, ya avanzada la noche, a la explanada. Los temblores no cesan. La directora de la escuela acuna a su bebé con dulces canciones que tambone arropan a los adultos que estamos alrededor. Empieza a caer una lluvia fina. Quienes pueden se hacinan en coches.

Afortunadamente hemos conseguido mandar mensajes de móvil tranquilizadores a familia y amigos. No imaginamos la repercusión que está teniendo la noticia en los medios de comunicación de todo el mundo.

A la mañana siguiente decidimos que tenemos que intentar llegar a la casa de nuestros amigos. Conseguimos que un taxi acepte llevarnos. Es durante ese recorrido cuando comprendemos la envergadura de lo sucedido. Atravesamos una ciudad que nos encoge el corazón.

Al poco rato de haber abrazado con lágrimas en los ojos a nuestros amigos y encontrarnos todos en el jardín, justo 24 horas después del terremoto, se produce una réplica de 6,7. En la semana que tardamos en salir de Katmandú se calcula que hubo más de 300 réplicas que provocaron el pánico entre la población. Y como todo el mundo sabe, a los pocos días se produjo un nuevo terremoto de 7,4 que fue terriblemente destructivo.

Como tanta gente, hemos tenido que dormir en la calle al raso, bajo uralitas, en coches aguantando intensas lluvias, y las noches con suerte en colchones en el suelo. A veces a cubierto pero siempre cerca de la puerta para salir corriendo si era necesario. Ha habido muertos en pocos momentos a escasos metros de nosotros pero afortunadamente no los vimos. Cada día podemos ver en el suelo edificios que el día anterior estaban aún en pie. Muchas personas han perdido a familiares. Otras, toda su casa o parte de ella. Y en las zonas rurales han desaparecido pueblos enteros.

Es difícil calcular cuánto tiempo tardará una gente tan pobre en volver a tener una casa donde vivir, una escuela a la que mandar a sus hijos o un hospital en el que ser atendida, porque hay que derruir gran parte de lo que no se ha desplomado.

Un día acudimos al consulado a la espera de un avión de regreso a España. Allí nos alojan amablemente en camas bajo carpas de uralita. Nos proporcionan alimento, podemos ducharnos y tenemos acceso a electricidad, pero no nos decidimos a aceptar la propuesta de la embajada española de trasladarnos a Nueva Deli. Al menos en Katmandú tenemos amigos.

Sobre el terreno nosotros dos nos sentimos impotentes para proporcionar cualquier tipo de ayuda. Pero de regreso a casa decidimos que podría ser útil compartir con amigos y familiares el testimonio de algunos españoles que viven desde hace años en Nepal realizando labores humanitarias e integrados en su sociedad. Gente preparada intelectual y anímicamente que tuvimos ocasión de conocer a través de Hendrick y Goiz y de cuya ONG damos información para contribuir a recaudar fondos.

Madre e hijo nos vamos viendo y llamando para comprobar que estamos bien. Con serenidad y ánimo hemos retomado nuestras vidas, siendo muy conscientes de que el 25 de abril no era nuestra hora. Lo normal es no sobrevivir si un terremoto de 7,9 te pilla en un puente. De haber oído el despertador, a las 11.54 h hubiésemos estado en el reducido espacio de la plaza Durbar de Bhaktapur, donde hubo 250 turistas fallecidos. Y a partir del 27 el terremoto nos hubiese sorprendido haciendo senderismo en las montañas, una aventura que podría haber tenido un más que dudoso desenlace.

Nuestro viaje no fue ciertamente el que habíamos imaginado. Quizá algún día lo intentemos de nuevo. Pero tuvimos ocasión de hablar y convivir con mucha gente y comprobamos que el pánico y el horror se pueden vivir entre sonrisas y generosidad. La amabilidad y la espiritualidad de muchas personas calaron en nosotros profundamente. Con un balance de cerca de 10.000 muertos, como supervivientes nos cuestionamos muchas cosas que están haciendo aflorar las múltiples facetas positivas que todos llevamos dentro.

LAS COSAS PASAN POR ALGO
Fani Mateus (25 años)

Había llegado a la India el 7 de marzo para asistir a la boda de una amiga. En un principio mi estancia allí iba a ser de 15 días, pero dada la situación económica de España, donde llevaba varios meses desempleada y el futuro predecía la misma situación, decidí contactar con diferentes organizaciones en Delhi para ver qué opciones de trabajo tenían. Una de ellas me ofreció unas prácticas para un mes y cambié mi billete de vuelta a España para el 29 de abril, un día antes de mi cumpleaños.

Cada vez me encontraba más a gusto en el trabajo, en la ciudad, en mi nueva casa... Así que decidí cambiar mi billete de vuelta una vez más y fijar la nueva fecha para el 2 de julio. El problema era que mi visado caducaba el 1 de mayo y era de una sola entrada, lo cual significaba que una vez saliera del país no podría volver a entrar. Por ello tendría que pedir un nuevo visado desde el extranjero, y una vez obtenido, volver a la India, ya que allí son muy estrictos con esos temas. Así podría permanecer en el país hasta el 2 de julio. Decidí ir al país más cercano, de fácil acceso y barato: Nepal. Allí pasaría más o menos una semana, lo que tardaran en darme el visado. Después no tendría problema para volver a la India —o eso pensaba yo—. Quería ir en tren, pero mis amigos indios me lo desaconsejaron y al final me decidí por el autobús que va directo de Delhi a Katmandú.

Salí pues rumbo a Nepal el miércoles 22 de abril a las 9.00 h. El autobús era incómodo y el trayecto de 30 horas, pero por lo menos tenía aire acondicionado. Cuando hicimos la primera parada conocí a Vipul y a Abhishek, dos jóvenes indios que me invitaron a sentarme con ellos. Me contaron que eran de Bombay y que iban a Nepal a un festival de música psicodélica, animándome a que fuera yo también. Les conté mi situación con el visado y me dijeron que intentarían ayudarme con eso para que pudiera acompañarles al festival. Les dije que ya veríamos, ya que no les conocía de nada, y aunque el plan sonaba bien, trataba de ser cauta.

Llegamos a Katmandú a las 19.30 h del jueves, de noche. Yo tenía en mente ir al albergue que tenía reservado, pero Vipul y Abhishek me ofrecieron compartir con ellos el taxi e ir a buscar algún lugar donde pasar la noche los tres. No me lo pensé dos veces, me monté con ellos y nos dirigimos hacia Thamel, el barrio de Katmandú donde están todos los albergues de mochileros y extranjeros. Nos costó un rato encontrar un sitio por un precio razonable, pero al final dimos con él. Tras regatear un rato los precios, le dijimos al jefe del hotel que pasaríamos allí las siguientes 4 noches. No sé en qué momento se me pasó por la cabeza meterme en la habitación con dos chicos que había conocido hacía tan sólo 30 horas, pero ya era tarde para retirarme. Mi sexto sentido me decía que podía estar tranquila.

Me levanté a las 7.00 h para ir a la embajada india en Katmandú. Abhishek me acompañó y conseguimos entregar la solicitud del visado en media hora. Me dijeron que volviera en seis días. Recogimos a Vipul en el hotel y salimos a pasear y visitar templos.

El sábado a las 11.15 h salimos del hotel, dispuestos a ir al festival. Antes había escrito el último *whatsapp* a mis padres y amigos en la India. Les decía que me iría unos días a un festival en las montañas y que no tendría Internet hasta que volviera a la ciudad. Llegamos al lugar donde vendían las entradas del festival, un bar llamado Monkey Buddha, que era básicamente una terraza, cubierta en algunas zonas, pero principalmente sin techo.

Estaba lleno de jóvenes desayunando, comprando sus

entradas, esperando a que llegara el autobús para acceder al lugar donde iba a tener lugar el festival. Todo el mundo iba con mochilas y bultos. Nosotros compramos nuestras entradas y nos quedamos cerca de la puerta principal, cubiertos por un techo de cemento. De repente, todo empezó a temblar bajo nuestros pies, como cuando estás en esas atracciones en las que se mueve el suelo y mantener el equilibrio se torna de lo más complicado. Pero aquella vez era real, el cemento se movía, los edificios se movían, no había absolutamente nada alrededor que no lo hiciera. Un plato colgado de la pared se cayó al suelo y se hizo añicos. El desconcierto era general. La gente empezó a gritar y a correr. Yo no sabía qué estaba pasando. Sólo noté que alguien me agarraba de la capucha de la sudadera y me arrastraba hacia afuera. Seguíamos entre edificios, pero al descubierto, sin techo. El suelo y los edificios siguieron moviéndose durante unos diez segundos. Me tropecé y me caí. Desde el suelo vi a personas agarrándose las unas a las otras para no perder el equilibro. Abhishek estaba entre ellos, a dos metros de distancia de mí. Había más personas que, como yo, no podían levantarse, piernas ajenas encima de mí, agua derramada que fluía por el suelo; yo no sabía de dónde salía. De pronto vi una mano, una mano de una chica que estaba de pie a mi lado e intentaba levantarme.

De repente todo se paró y volvió a la normalidad. El desconcierto era general. Conseguí alcanzar la mano que mientras todo se movía intentaba agarrarme y me levantó. Vi a Abhishek y a Vipul y me acerqué a ellos. Me dijeron que había sido un terremoto pero yo no daba crédito a lo que oía. El desconcierto era tal que cualquier teoría era difícil de creer. Decidimos que lo más seguro era salir de esas angostas calles entre edificios. Al llegar a una zona más vacía y abierta, nos sentamos en unas escaleras, compramos unos plátanos e intentamos comer y tranquilizarnos. El suelo empezó a temblar otra vez y corrimos hacia el medio de la calle. Fue cosa de pocos segundos y mucho más leve que la primera vez. Entonces empezamos a darnos cuenta de que, efectivamente, había sido un terremoto, y que aquella situación se iba a prolongar durante un tiempo, aunque no sabíamos cuánto.

Salimos a una zona completamente libre de edificios, donde había una gran multitud concentrada, y nos unimos a ella. Al lado nuestro pasaban, de un lado hacia otro, coches, taxis, motos y ambulancias con la sirena puesta, muy ajetreados. Debían de ser las 14.00 h aproximadamente. No había pasado mucho rato desde nuestra llegada a esa zona y el suelo comenzó a moverse de nuevo bajo nuestros pies. Con nosotros había ancianos, niños, personas de mediana edad, jóvenes... Todas las edades reunidas por un mismo motivo. Las réplicas continuaron. Cada cierto tiempo el suelo temblaba levemente, pero lo suficiente como para que lo notáramos y nos pusiéramos nerviosos de nuevo. Se respiraba una continua tensión en el ambiente.

Optamos por acercarnos a otro lugar más abierto, a una explanada mucho mayor donde había gran número de personas a la espera, aunque no sabíamos exactamente de qué. Y otra replica sacudió el suelo de nuevo. Las noticias empezaban a llegar. Alguien nos dijo que había habido un terremoto de escala 7,8 y que el epicentro estaba situado a algunos kilómetros de donde estábamos nosotros. Habíamos tenido la suerte de estar en un sitio con edificios lo suficientemente robustos como para que no se nos cayeran encima. Conseguí hablar con dos personas: con mi amiga cuya boda había motivado mi viaje a la India y con mi madre. Obviamente las noticias del terremoto ya estaban por el mundo entero. Al parecer había sido lo bastante grave como para que las líneas telefónicas estuvieran colapsadas y todo el mundo supiera ya de la desgracia ocurrida en Nepal. Sabían más que nosotros, que pese a haberlo vivido, aún estábamos desconcertados. Esperamos otro par de horas en las que las réplicas se produjeron a cada rato. Nos asustaban, por supuesto, pero el cuerpo se nos iba acostumbrando.

A media tarde decidimos coger un taxi e irnos a la montaña. Había que salir de la ciudad ya que estar entre edificios era la menos segura de todas las opciones que teníamos. Cogimos un taxi los tres y pusimos rumbo a Hatibban, un lugar a una hora de Katmandú donde estaba el complejo hotelero que iba a albergar el festival de música. El viaje en taxi nos mostró una realidad que no habíamos percibido hasta entonces: edificios derruidos, montones de ladrillos caídos en las orillas de las aceras, hospitales colapsados con cientos de personas que eran atendidas en la explanada exterior porque no daban abasto, y avenidas relativamente vacías a pesar de haber algo de ajetreo de gente y coches que iban y venían. Según fuimos subiendo la montaña y dejando atrás la ciudad, las zonas rurales aparecieron ante nuestros ojos. La gente estaba fuera de sus casas derruidas a la espera de que parasen las réplicas, supuse, pero poco más, ya que aparentemente ni siquiera tenían un sitio donde resguardarse.

Llegamos a Hatibban, en lo alto de la montaña. Allí había más gente como nosotros, en busca de un festival de música que les ayudara a evadirse de la realidad aunque fuera por un par de días.

Estuvimos en Hattiban desde el sábado a media tarde hasta el lunes por la mañana. Los temblores se repetían periódicamente, cada pocas horas, y despertarse en una tienda de campaña en la que duermes en el suelo, donde no tienes más colchón que el plástico de la tienda extendido directamente sobre la hierba, no es la mejor forma de empezar el día.

Entretanto, mi madre trataba de ponerse en contacto conmigo a través del teléfono de Abhishek. Él le iba informando de que todo estaba bien y que estábamos a salvo en las montañas. Se notaba la falta de comida y agua. El domingo por la tarde y el lunes los recursos empezaron escasear. Lo único que vendían en el complejo hotelero eran fideos cocidos en una olla de agua.

Decidimos partir por la mañana en dirección al aeropuerto de Katmandú para ver cómo salir de la situación en la que nos encontrábamos. Tras dos días en un remanso de paz en las montanas volvimos a la locura y el caos de la ciudad. A pesar de los pocos vehículos y personas que había en las calles, se notaba de nuevo la tensión en el ambiente. Cruzamos el puente del río que atraviesa Katmandú. En la orilla había varias personas apilando en hileras cadáveres cubiertos por una sábana blanca. Los pocos coches que había circulando de un lado para otro lo hacían con prisa. El taxi nos dejó cerca de la embajada india en Katmandú. Abi y yo caminábamos hacia ella cuando pasó un camión de militares a nuestro lado. Les pedimos que nos dejaran montar y nos llevaran. Llegamos a la embajada india y solicitamos que nos atendiera el embajador, ya que los policías de la puerta no nos dejaban pasar ni hablar con nadie. El embajador bajó y nos dijo que mi visado no podía ser procesado, pues todos los sistemas estaban colapsados. Me empecé a poner nerviosa. ¿Cómo iba a salir de allí si mi visado, a pesar de seguir vigente, no me permitía volver a entrar en la India? No podía volver a Delhi, donde estaban mi trabajo, mi casa y mis cosas.

Volvimos a recoger a Vipul y cogimos un taxi al aeropuerto. Queríamos intentar comprar un vuelo desde allí para volver a Delhi. Los precios de los taxis se habían disparado: estaban cobrando el equivalente a 45 euros por un trayecto de 20 minutos. El aeropuerto estaba abarrotado. La cola para coger el avión gratuito que el gobierno indio había habilitado para sus compatriotas serpenteaba porque no cabía en línea recta. Mediría aproximadamente kilómetro y medio. La gente llevaba esperando todo el día. Pero cada vez que una réplica sacudía el aeropuerto, todos salían corriendo presas del pánico y la cola se deshacía para formarse de nuevo cinco minutos después. Vipul se quedó en esa cola esperando mientras Abi y yo caminábamos alrededor del aeropuerto. Encontré a un grupo de europeos que me dijeron que iban a volar a Bélgica en un par de horas. Hablé con la persona encargada y apuntó mi nombre. Conseguí que me dejaran un teléfono y llamé a mi madre. La cobertura era muy mala. Lo poco que alcancé a entender fue que debía ir a la embajada española porque estaban mandando españoles a la India, y de ahí a España. Buenas noticias. Decidí que no cogería ese avión a Bruselas. Recogimos a Vipul de la cola, tomamos otro taxi y volvieron a timarnos, pero aceptamos ya que no había muchas más opciones.

Bajamos de nuevo a la ciudad, al caos y a los edificios derruidos. Las ambulancias con sus sirenas corrían de un lado para otro. No teníamos batería en los teléfonos móviles ni Internet; encontrar la embajada española iba a ser toda una odisea. Pregunté en varias embajadas de otros países. En ninguna supieron decirme dónde estaba la nuestra hasta que dimos por casualidad con la francesa. La embajadora consultó un librito que tenía al lado de su cuaderno de notas y me apuntó la dirección de la embajada española. A medio camino paramos en una agencia de viajes donde los chicos compraron dos billetes de avión para salir rumbo Delhi a la mañana siguiente.

El taxi nos llevó a la embajada española, que resultó ser un consulado instalado en un hotel. Allí me dijeron que me pondrían en un avión aquella misma noche o a la mañana siguiente temprano. La idea de quedarme sola en tales circunstancias, separada de las personas con las que había estado durante toda la catástrofe, me desesperaba. Aun así, nos despedimos rápidamente, con un corto abrazo que me unió con mis dos nuevos hermanos. Ellos se fueron camino del aeropuerto y yo, junto con otros españoles, fui trasladada a una constructora española donde nos iban a dar comida y donde esperaríamos un avión que nos iba a llevar a Delhi y de ahí a Madrid.

En el aeropuerto me encontré de nuevo con Abi y con Vipul, que estaban esperando su avión para salir a la mañana siguiente. Entonces decidí que no iba a coger ese vuelo de Delhi a Madrid, sino que me quedaría en Delhi. Ya solucionaría el asunto de mi visado una vez allí.

Mi vida ha empezado de nuevo. Soy una Fani diferente que ve las cosas desde una perspectiva totalmente distinta a la que tenía antes de sobrevivir a una catástrofe natural, un terremoto en el que han muerto diez mil personas. Porque la suerte que tengo de estar viva no la han tenido todas esas personas que estaban en la orilla del río cubiertas por sábanas blancas. Porque el dinero no puede comprar vidas, ni salvarte de un terremoto, ni darte un visado para abandonar un país cuando nadie te escucha y todo está colapsado. A veces la suerte no corre de tu cuenta, pero las cosas pasan por algo. No coger ese tren en el que inicialmente pensaba viajar me llevó a cruzarme con dos personas maravillosas que cuidaron de mí continuamente, como yo de ellos, y pude comprobar que las relaciones humanas alcanzan su máximo esplendor en una situación extrema. Desde entonces todos los días me despierto dando gracias a la vida y por poder disfrutar del maravilloso viaje que es vivir. Por haber conocido a dos ángeles en el peor –o mejor– momento. Sobre todo, he aprendido a gozar de cada instante, porque aunque suene a película, nunca sabes cuándo un «clic» acabará con todo o hará que todo empiece de nuevo.

Capítulo 2

LOS OJOS DE BUDA

EN LOS TEMPLOS

TÍTERES EN MANOS DE LA MADRE TIERRA
Jota Martínez Galiana (43 años)

Boudhanath es un enclave de cultura tibetana situado a diez minutos en coche de Katmandú. Su gran estupa, de 43,25 m de altura y 36,5 m de diámetro, es patrimonio de la Humanidad y se encuentra en el centro de una plaza circular rodeada de edificios de dos o tres alturas. Yo había llegado allí en autobús (en realidad, una furgonetilla azul más pequeña que un monovolumen en la que nos habíamos apiñado diez pasajeros más el cobrador y el conductor) una media hora antes de que todo empezara. Como mandan los cánones, había completado una vuelta circular en el sentido de las agujas del reloj haciendo girar los rodillos de oración que llevan inscrito el mantra «Om Mani Padme Hum». Debido al gran tamaño de la estupa también es posible rodear el pináculo desde el cual los ojos de Buda miran hacia los cuatro puntos cardinales, y subir por unas escaleras hasta la plataforma donde reposan el mandala, la cúpula y el resto de elementos superiores de la construcción. Casi a punto de completar la vuelta, me senté a leer el folleto explicativo que me habían entregado al pagar la entrada. Al poco me levanté, miré una vez más aquellos ojos y entonces sucedió.

Todo empezó un segundo después de que los centenares de palomas que pululaban por la plaza alzaran el vuelo súbitamente y a la vez, con la ágil coreografía de un banco de peces. Justo después del chasquido de su aleteo, el suelo empezó a moverse en horizontal, con grandes sacudidas de un lado a otro, mientras un rumor sordo, el extraño sonido que hacen los objetos normalmente inertes al ser sacudidos y rozarse entre sí, iba creciendo al mismo tiempo que los gritos de la gente.

Yo no entendía qué estaba pasando. Mi primer pensamiento absurdo fue: «¿Cómo se las ingenian para mover la estupa?», como si aquello fuera una atracción sorpresa destinada a los turistas. Un hombre nepalí, a un par de metros a mi izquierda, me advirtió con una sonrisa nerviosa:

–*Earthquake, earthquake!* –al tiempo que con un brazo me indicaba que me agachara.

Flexioné las piernas y un ruido me llamó la atención: era un tableteo acompañado de un campanilleo agudo y venía de arriba. Miré de nuevo el pináculo de la estupa y encontré una serpiente de piedra. La pirámide dorada que asciende justo por encima de los ojos de Buda se movía de un lado a otro haciendo eses. El tableteo lo producían los ladrillos chocando entre sí. El campanilleo, los adornos metálicos que cuelgan del remate del monumento. Ya no pude apartar la vista de aquello. No del todo conscientemente, lo identifiqué como la principal amenaza para mi integridad física. Me dije: «Si ese pináculo se rompe, se me va a caer encima y hasta aquí hemos llegado». Pero no podía correr, y no sólo porque el suelo se movía como la cubierta de un barco atrapado en una tormenta. Había algo fascinante en observar cómo una construcción hecha de materiales pesados se contorneaba furiosamente como si fuera de goma.

Uno podría pensar que debería haber intentado alejarme lo más posible, aunque fuera gateando, pero en ese momento entendí que todos los que estábamos en la plaza no éramos más que títeres en manos de la Madre Tierra, y que hiciéramos lo que hiciéramos, nuestro destino dependía de la suerte. De que la pirámide de ladrillos dorados aguantara o se despedazara. De que la plataforma de la estupa permaneciera intacta o se abriera bajo mis pies. De que una de las sacudidas me hiciera o no caer de donde estaba. Sólo podía pensar en si volvería a ver a mi mujer y a mi hija y en si aquello iba a parar antes de que la pirámide se rompiera.

Todo duró poco más de 30 segundos y no puedo decir si se me hicieron cortos o largos. Fue como una ventana abierta en el tiempo donde sólo existíamos la serpiente de ladrillos y yo. Cuando la tierra dejó de temblar, bajé de la estupa lo más rápido que pude pero sin dejarme llevar por el pánico y me concentré con el resto de la gente en medio de la plaza, a una distancia equidistante entre los edificios y la estupa, en espera de las réplicas, que fueron llegando sin que se produjeran más daños personales o materiales.

Estuve en la plaza un par de horas, hasta que las réplicas se fueron espaciando y me decidí a salir a la calle en busca de un taxi que me llevara de vuelta a Katmandú. En ese trayecto compartido con un malayo y un argentino fui cobrando conciencia de que aquello era más grave de lo había juzgado en un primer momento, a medida que iba viendo aquí y allá muros caídos y edificios derrumbados.

El taxi nos dejó en un cruce, ante una calle ancha que conduce a Thamel, el barrio donde estaba mi pensión. Aquella mañana yo había quedado temprano con Rajan, el que iba a ser mi guía por los Annapurnas, para pagarle y darle mi pasaporte con el objeto de que tramitara los permisos pertinentes. Habíamos acordado partir hacia Pokhara al día siguiente a primera hora. Lo llamé, y tras tres o cuatro conversaciones intermitentes, pude entender que él y su familia estaban bien y comunicarle dónde me encontraba yo.

Decidí –quizá temerariamente– internarme en las estrechas calles de Thamel para llegar a la pensión y comprobar si todo estaba en orden. Necesitaba saber si podía recuperar mi mochila y evaluar la situación para actuar en consecuencia. De camino me encontré con Rajan, que había dejado a su mujer y a su hija de nueve años con sus vecinos para venir a buscarme. Me acompañó a la pensión, donde aún funcionaba la red de wifi, y pude enviar mensajes tranquilizadores a la familia y los amigos.

Pasamos la noche en un patio al lado de casa de Rajan, sobre una tarima bajo un techo de uralita (que más tarde deduje que era la vivienda habitual de una de las familias que nos acompañaban). Maldormimos apiñados y pendientes de las réplicas, que se fueron sucediendo durante toda la noche precedidas por los ladridos de los perros, con los consiguientes sobresaltos cada vez que notábamos que el suelo temblaba de nuevo.

Al alba comenzó un trasiego de vecinas que iban y venían trayendo té con azúcar para todos. Tras jugar un buen rato con los niños (para quienes la novedad de haberse despertado al lado de un occidental había eclipsado el temor al terremoto), fuimos con su mujer y con su hija a buscar el descampado donde dormían unos familiares suyos, pues habían decidido que era más seguro pasar la siguiente noche allí que debajo de la uralita. Llegamos justo cuando estaban acabando de cocer el *dal bhat* (arroz con lentejas y verduras, plato básico de la dieta nepalí) de la comida y nos ofrecieron una abundante ración. La solidaridad de los nepalíes surge de manera natural, haciendo del «donde comen dos, comen tres» una máxima de conducta sin artificios ni convenciones.

Durante todo aquel domingo apenas funcionaron los móviles. La comunicación era muy difícil, y con la excepción de Rajan, yo estaba rodeado de gente que apenas hablaba inglés. Tuve tiempo para reflexionar. Tenía muchas dudas. A pie de calle no tenía la percepción de que el terremoto hubiera sido tan grave como por lo visto aparecía en las noticias en España. Veía a los habitantes acampados en la calle por temor a las réplicas, pero la ciudad no estaba ni mucho menos arrasada ni yo había visto gente agonizando en las esquinas. No había luz ni agua, el teléfono iba cuando iba y de Internet olvidémonos, pero de cuando en cuando encontrabas alguna que otra tienda abierta y podías comprar algo de fruta y agua. Atisbos de normalidad dentro de un caos aparentemente controlado.

Finalmente, cuando avanzada la tarde, por fin conseguí hablar con mi mujer. Me contó que la embajada estaba reuniendo a los españoles en el hotel Dwarika's con la intención de evacuarlos en el avión del ministro de Exteriores. Me fui con Rajan a recoger mi mochila y a buscar el hotel.

Adentrarse tras el terremoto por las calles de Thamel era

sobrecogedor. El silencio hacía más ruido en la cabeza que su habitual bullicio. Todos los comercios y restaurantes cerrados le daban la apariencia de un casco histórico europeo en una tarde de domingo, cuando quien ha viajado por estos países sabe que allí no existen los domingos. El ocio es un producto de lujo occidental. Las calles estaban vacías; de vez en cuando se veía algún extranjero arrastrando sus bártulos con la mirada desorientada, grupos de gente de piel clara buscando un taxi o discutiendo en una esquina qué hacer a continuación.

Una vez hube recogido mi mochila y pagado la cuenta de la pensión, Rajan se empeñó en acompañarme en taxi hasta el hotel Dwarika's. Poco después de la cena aparecieron dos trabajadores de una constructora española encargada de las obras de ampliación del aeropuerto. Arriesgando sus vidas (pues no se sabía cuándo volvería a temblar la tierra ni con qué intensidad), sin estar obligados a ello, nos fueron recogiendo y trasladando en coche a sus oficinas, donde permanecimos hasta ser repatriados.

Como en cualquier otra circunstancia de la vida, los tópicos tampoco funcionan en ésta. No siento que haya vuelto a nacer. Tampoco que el tiempo que me queda por vivir sea un tiempo añadido y que tenga que aprovecharlo al máximo. Esta experiencia me ha cambiado, no hay ninguna duda, pero aún no sé cómo y quizá no llegue a saberlo. Puede que a partir de ahora me tome la vida de otra manera y puede que no. Puede que deje de agobiarme por nimiedades y puede que la tontería más absurda me quite el sueño. Puede que decida afrontar la vida con mayor serenidad o que me lance a una carrera desenfrenada para no dejar ningún cabo suelto. Intento estar tranquilo y mantener a raya emociones que puedan desembocar en arrebatos de ira o tristeza. Trato de estar aquí y no allí, pero sin olvidar a los que allí se quedaron.

...Y LA VIDA SIGUE COMO SI NADA HUBIERA PASADO

Jordina Anguera

El 23 de abril, día de la diada de Sant Jordi, yo presumía a través de mensajes de estar en una de las ciudades más bonitas del mundo, Bhaktapur. Dormí en una habitación con ventana a la plaza Durbar y desperté con el amanecer, viendo todo el trajín y movimiento de gente desde las seis de la mañana. Un regalo.

Estaba de vacaciones. Mi hermana y su familia viven en Tailandia y nos encontramos en Nepal para pasar unos días juntos y recorrer el país. Ellos habían regresado y yo disfrutaba sola de la recta final del viaje.

De Bhaktapur me fui a Boudhanath. Dormí allí y la mañana del 25 paseaba por las callejuelas alrededor de la gran estupa. Andaba dudando entre quedarme un día más en aquella tranquilidad o sumergirme en el agobio de Thamel, donde quería hacer algunas compras antes de regresar a Barcelona.

Fui al monasterio budista de Shechen. Había mucha gente, y cuando pregunté por qué, me dijeron que más tarde había una ceremonia. Me fui a la zona de la pensión y me tomé un té, pero al pasar de nuevo por los jardines del monasterio estaban cerrando las puertas. No quería perderme lo que fuera que hubiera, así que entré y fui a sentarme a la zona que me indicaron. Había otros extranjeros, muy aplicados, con sus aparatos para escuchar la traducción simultánea de la ceremonia. Realmente parecía algo importante. Como el monasterio es pequeño había pantallas en el jardín para seguir la ceremonia, traducción simultánea, un montón de gente sentada en el suelo...

Cerca de las 12.00 h empezó la ceremonia; duró bien

poco. En aquel momento la sensación fue como si alguien estuviera agarrando el suelo donde estábamos sentados para levantarnos. Lo toqué de nuevo para comprobar lo que ya sabía: que estábamos sentados sobre el césped, en tierra firme. Se escucharon algunos gritos, mientras los monjes salían a la carrera del pequeño monasterio por las escaleras de los cuatro lados del edificio. Había tensión y caras de miedo. Ésa es la imagen que se me ha quedado grabada: la mirada de pánico de un señor que tenía sentado al lado, abrazado a su hijo, ya mayor. Pero el temblor finalmente se detuvo y nos quedamos todos sentados, sin saber todavía bien qué había sucedido. Los nepalíes nos contaban que aquello no era muy normal, con la sonrisa en la boca pero sin perder la expresión de miedo. Al cabo de poco se escuchó un ruido como de un golpe seco y se produjo un nuevo temblor. Calma tensa. Minutos después, humo y nuevos gritos. Una vela había provocado un incendio en una de las habitaciones pero pudieron apagarlo rápido.

Empezó con aquel temblor y ya no paró. El suelo siguió temblando a cada rato los pocos días que seguí allí, y de hecho ha seguido temblando durante semanas. Demasiadas.

Tuve la suerte de estar en uno de los mejores lugares posibles: sentada en tierra firme, en un espacio abierto, con edificios de una sola planta alrededor y con otras personas cerca a las que coger de la mano si la cosa se ponía fea. Ésa era mi duda al pensar si me iba o no de allí: «Quiero un brazo cerca para agarrarlo si va a peor, así que de momento no me muevo», pensé.

Pasaba el rato y la mayoría de la gente seguíamos allí. Los monjes repartieron té *masala* y panecillos. Nos organizan para sentarnos alejados de las pequeñas construcciones. Aseguraron los toldos que nos daban sombra. La tierra seguía moviéndose a cada rato. Los nepalíes llamaban a sus familias para decirles que estaban bien. Calma tensa y cercanía entre los que estábamos cerca.

Yo me propuse no moverme hasta que la tierra llevara media hora quieta. Sobre las 15.00 h de la tarde decidí ir al hostal donde me hospedaba, que estaba cerca del monasterio. Tenía ganas de estar con caras conocidas, de poder hablar castellano. Supongo que, aunque estaba tranquila, no las tenía todas conmigo y tenía la necesidad de que alguien supiera que me llamo Jordina por si pasaba algo, que alguien supiera quién era, que tuviera al menos la referencia de que era una chica de Barcelona.

Yo soy fatal para mandar fotos o crónicas, pero había estado de vacaciones con mi hermana que mandaba información prácticamente al minuto de dónde estábamos y cómo. Por eso, en el momento en que me quedé sola, intenté cumplir e ir informando de mis movimientos.

Al salir del monasterio saqué una foto: había una grieta gruesa en el edificio y una de las ruedas de la suerte estaba tirada. Saqué la foto para enseñársela a la familia, y pensé en lo que iba a escribir: «Flipad con el terremoto que ha habido hoy. ¡Ha agrietado el edificio!» De hecho, el suelo de baldosas de piedra estaba levantado, pero pensé que debía ser algo viejo. No podía haber sido el temblor, me parecía excesivo. Esa foto es la referencia que he tenido para contar mi experiencia. Ése fue el nivel del temblor que yo viví: algo lo suficientemente «bestia» como para agrietar un edificio, aunque entonces ni siquiera sospechaba lo que poco a poco fui sabiendo después.

Camino del hostal, lo que más me chocó fue encontrar las calles vacías y todos los comercios cerrados. Calles llenas de tiendas y normalmente pobladas por un montón de gente a todas horas, estaban casi desiertas. Impresionaba.

El hostal, de cinco plantas, estaba entero pero agrietado por todos lados. Hacía sólo un mes y medio que había abierto al público y el dueño, vasco, estaba evaluándolo todo, arreglando los temas peligrosos y confiando en la valoración de los daños por parte de algún arquitecto que andaba de vacaciones y que aseguraba que eran grietas superficiales, que la estructura estaba bien.

La tarde se pasó entre comentarios de lo vivido entre los huéspedes, todos bastante perdidos y sin saber apenas qué hacer. Hablé con la familia por el móvil. Les había llegado la noticia al momento y estaban esperando que me comunicara con ellos en cuanto tuviera conexión. Salimos a buscar si había algo abierto para comprar comida y cerveza por antojo. Las calles seguían vacías y casi todo estaba cerrado. La gente que había fuera estaba ocupada viendo y calculando los daños. Por la zona estaba casi todo entero. Sólo algunos muros habían cedido. Los tenderos abrían unos momentos pero al rato volvían a cerrar, e incluso sólo a eso muy pocos se atrevían. Encontramos cerveza y algunas galletas para cenar.

En el hostal sacamos las sillas y nos sentamos en la calle. Iban llegando algunos huéspedes, y con ellos y por *whatsapp*, algunas noticias: «Se ha caído esa torre grande de Katmandú con 30 personas dentro». «Espera, ¿está temblando?» «Sí... Ya pasó». La gravedad de la propia experiencia del primer temblor marcaba el grado de pánico de cada cual ante las nuevas réplicas. La gente a la que el terremoto había sorprendido en las habitaciones de las plantas superiores del hostal había pasado una agonía hasta llegar a la calle. Ahora, cada réplica era para ellos un nuevo horror.

Iba anocheciendo y seguíamos sentados en la puerta del hotel, en la calle. Pasó un nepalí y nos anunció:

—Esta noche a las 12.00 h Katmandú va a desaparecer, se va a caer todo.

—Hasta el momento todo lo que ha dicho este tipo ha pasado, no se equivoca nunca —comentó uno. Mi hermana me escribió también:

—Anuncian una nueva réplica muy fuerte entre las 23.00 y la 1.00 h de esta noche. Cuidado.

Aparte de los rumores, nos iban llegando noticias: el desastre iba creciendo y nos fuimos haciendo a la idea de lo duro que había sido el terremoto. Un chico iraní llegó de Katmandú. Es fotógrafo y andaba haciendo fotos por un barrio céntrico. Contó que había visto verdaderos horrores: cuerpos partidos, terror y caos. Preferí no ver las fotos.

La imagen de hasta dónde había llegado la catástrofe me la mandó mi hermana: la plaza Durbar de Patan, donde hacía una semana habíamos estado compartiendo la comida y la fiesta con unos nepalíes que acabábamos de conocer y nos habían acogido en su casa, había caído entera. Era imposible de explicar si no veías la foto. El corazón se me iba encogiendo a cada rato. No quise ver más imágenes por Internet.

La mayoría de los huéspedes dormimos en el vestíbulo, en la planta baja, vestidos y con los zapatos puestos o cerca. Algunos valientes subieron a dormir a las habitaciones. Yo conseguí conciliar el sueño gracias a mis genes de marmota, pero tardamos pocos segundos en llegar a la puerta cuando se produjeron las dos réplicas fuertes de aquella noche, a las 2.00 y a las 5.00 h, aunque cada cual, a su ritmo. Unas turistas que dormían con nosotros en el vestíbulo movieron poco más que la cabeza cuando el resto salimos corriendo. Le preguntaron al dueño:

—Pero, ¿por qué corren? ¿Este hotel no es fiable? —Él me lo contaba con la cara desencajada.

—¿Y qué les digo?

Nos levantamos pronto. Salí con un compañero del hostal a ver cómo estaba todo por la zona. Alrededor de la estupa había poca gente. La gran estupa de Boudhanath seguía entera, tenía alguna grieta y se le había caído alguna piedra, pero seguía en pie. Luego supe que fue de los pocos monumentos históricos de Katmandú que había quedado entero. Por las calles apenas se veía a nadie y todo seguía cerrado.

De repente vi un bar abierto con gente mirando el móvil. ¡Tenían Internet! En el hostal lo habíamos perdido a las 5.00 h de la mañana y ya no había vuelto. Tomé un café y contesté mensajes: «Todo bien, me pilló en buen lugar, estoy tranquila».

Regresé al hostal. Malestar. Parecía que, a pocos kilómetros de donde estábamos, había sido horrible. Pensé que debía hacer algo, ¿pero qué? Estaba sola, ni siquiera sabía cómo actuar, no conocía la zona ni a la gente, casi no había coches. ¿Qué iba a hacer y adónde iba a ir? Sentí impotencia y culpabilidad.

A mediodía volví a Shechen. Las puertas principales tenían el paso cerrado y unos andamios improvisados aguantaban las estructuras. Fuera, en los jardines, mucha gente había pasado la noche. Pasé por la clínica y estaba vacía. Les pregunté, extrañada, pero me contestaron que la gente, o estaba bien o estaba muerta. Textual. Casi no había llegado nadie en toda la mañana.

La cafetería estaba abierta y aproveché para comer un poco. Al rato la tierra volvió a temblar intensamente con la que luego supe que había sido una réplica de más de 6 en la escala de Richter. De nuevo me pilló en buen lugar: en el jardín de Shechen, y me pude sentar en el suelo sin sufrir por miedo a que me aplastaran al caer grandes edificios.

Al regresar al hostal lo encontré cerrado. Con la réplica habían decidido que era mejor que nos quedáramos en el descampado que había enfrente. Teníamos que pasar allí la noche.

Por la tarde salimos de nuevo a explorar. El bar que tenía cobertura por la mañana estaba cerrado. Me acerqué a la puerta y empecé a hacer el típico baile estúpido de búsqueda de cobertura. Al fin, pegada a la puerta y con el brazo torcido, encontré el wifi y conseguí recibir mensajes. Entre otros, había escrito mi hermana: «Dicen que todos los españoles se están reuniendo en el hotel tal. Vete para allá ahora mismo». Regresé al hostal muy nerviosa.

Fuimos con el dueño del hostal al hotel donde nos estaban citando. Aunque nos recibieron con cara de «qué hacéis aquí y a qué venís», al rato entramos y nos encontramos con otros compañeros de viaje. Allí empezó la historia compartida del viaje de regreso a Barcelona, de los privilegiados que tuvimos un vuelo y salimos evacuados del país en situación de emergencia.

Han pasado ya unos meses. Todavía hoy no he querido ver demasiado de la gran cantidad de imágenes que hay en Internet. Como una niña pequeña que cree que si se tapa los ojos con las manos ya nadie puede encontrarla, quizá piense que si no veo las imágenes esto no habría pasado y Nepal seguiría siendo el país que había conocido hacía, como quien dice, cuatro días. Lástima que no me sirvan las trampas. El terremoto se ha llevado miles de vidas y ha dejado por los suelos las casas y los medios de subsistencia de decenas de miles de personas.

Unos minutos en las noticias, algunas páginas en el periódico, campañas de grandes ONGs internacionales... Regreso a mi rutina. Nepal se cayó y en Barcelona la vida sigue como si nada hubiera pasado.

UN MOMENTO SUBLIME DE COMPLETA INDEFENSIÓN

Fátima García de Andrés (31 años)

Justo una semana antes del terremoto y tras un mes viviendo en Nepal, el estudio de yoga donde estaba trabajando como profesora había organizado, junto con un grupo de alumnos, una excursión en bicicleta hasta el templo budista Vajrayoguini situado en Sankhu, un pequeño pueblo de la zona de Bagmati a unos 15 kilómetros de la capital. Pero ese 18 de abril había amanecido lloviendo en Katmandú y decidimos aplazar el viaje al sábado siguiente, el 25 de abril.

Ese día hacía un tiempo inmejorable y a las 8.00 h de la mañana pudimos emprender sin problemas nuestro camino en bicicleta desde nuestro estudio en Lazimpat hasta Sankhu. Las doce personas que formábamos el grupo, entre profesores y alumnos, cruzamos Katmandú en dirección noroeste, parándonos únicamente en las cercanías del río Bagmati, a su paso por el conocido y magnético templo de Pashupatinath.

Llegamos a Sankhu unas dos o tres horas después. El recorrido hasta esa pequeña localidad había sido precioso y tremendamente enriquecedor; sin duda una gran oportunidad para contemplar los alrededores de Katmandú desde otra perspectiva, desde el sillín de una vieja bicicleta de montaña nepalí.

Sankhu es una pequeña villa de unos 2.100 habitantes perteneciente al distrito de Katmandú, situada en un valle y protegida por Ekajati, una de las diosas más poderosas de la mitología indonepalí que descansa en lo alto del templo de tradición tántrica Vajrayoguini.

Antes de subir los inclinados y sinuosos escalones que conducen al templo, situado en lo alto de una colina, nos detuvimos a descansar unos minutos junto al sadhu, un ermitaño que vive humildemente a los pies del templo y que con mucha amabilidad nos había permitido amarrar nuestras bicicletas junto al árbol que hacía compañía a su casa.

A las 11.30 h aproximadamente habíamos coronado el último escalón y nos encontrábamos contemplando los múltiples recovecos y las cuevas de un templo que en poco menos de media hora se estremecería bajo nuestros pies.

Todos nos habíamos concentrado en una de las terrazas cercanas al edificio principal para empezar la clase de yoga prevista. Antes habíamos estado jugando a pasar nuestro cuerpo por el mítico ventanuco del Vajrayoguini, un hueco mínimo en la pared del que dice la tradición que si consigues introducir tu cuerpo a través de él y pasar al otro lado significa que llevarás una vida marcada por las buenas acciones y, además, purificarás tus pecados.

A las 11.45 h me encontraba algo separada del grupo, sentada en un banco corrido de ladrillo que servía de barandilla a la terraza en la que estábamos, observando a mis compañeros, que se habían concentrado en el centro. En ese momento el clima empezó a cambiar, el cielo se oscureció, se levantó un aire especial y hubo unos instantes de silencio absoluto. Los animales habían desaparecido; incluso los pájaros dejaron de sobrevolarnos.

Segundos después empecé a oír gritos estremecedores procedentes de los nepalíes que estaban, como nosotros, visitando el templo. Mis compañeros miraban asustados hacia todas partes y yo, que no entendía nada, sólo acertaba a preguntar en inglés qué estaba pasando. Y en ese momento la tierra rugió con un sonido aterrador parecido a una estampida que nos sobrecogió a todos. El suelo empezó a temblar. Me bajé de un salto de mi asiento y me abracé al resto de mis compañeros. Todos juntos, casi sin poder mantenernos en pie por la inestabilidad, contemplamos con horror la violenta vibración del templo, que se puso casi horizontal en un movimiento que lo despojó de parte de su estructura. Milagrosamente volvió a su verticalidad, sorprendiéndonos a todos.

Fue un temblor de apenas un minuto, intenso y violento, un momento en el que la propia vida se reveló más real, débil y fugaz que nunca; un momento sublime de completa indefensión ante la definitiva superioridad de la Naturaleza que ese día nos reveló su poder y nos hizo a todos inclinar humildemente la cabeza ante ella.

Tras el primer temblor, que ya lo había cambiado casi todo, empezamos otra vida, una vida en la que sólo contaba el segundo siguiente, una vida que nos exigía decisiones rápidas y acertadas a cada paso.

Movidos por el instinto, decidimos atravesar corriendo el templo y salir al otro lado de la montaña, un espacio bastante despejado rodeado por pequeñas laderas de tierra y roca.

En mi intensa huida por el interior del templo, vi a personas caer, a personas rezar y a personas llorar, pero todos por igual compartíamos el miedo y la indefensión más patética. Éramos nada huyendo de aquello que tenía el poder de abarcarlo todo.

A la media hora llegó la primera de las más de 30 réplicas que nos acompañaron y acunaron en nuestras siguientes noches a la intemperie en Katmandú. La primera fue fuerte y dejó una tremenda inestabilidad en el suelo que auguraba otro terremoto mayor, y un miedo que jamás nos abandonó.

Un grupo de unas cien personas permanecíamos al otro lado del templo, esperando. Sin saber la repercusión del temblor, instintivamente llamé a mi familia en España en el único instante en que mi teléfono tuvo señal. Pude contactar con ellos y los tranquilicé de inmediato; la noticia no había sido aún publicada. Después de aquella llamada las líneas dejaron de funcionar y todos nos quedamos a la suerte de nuestras decisiones.

Decidimos esperar a que el suelo dejara de temblar antes de bajar. De vez en cuando subían personas desde el valle con noticias del alcance de la destrucción. Pasadas unas horas, y tras ver que los animales habían vuelto y estaban pastando de nuevo, emprendimos la bajada. Una bajada en la que intentamos retornar a la normalidad.

Nuestras bicicletas se habían mantenido. La casa del Sadhu se había derrumbado por uno de sus lados y él había decidido cobijarse tranquilo bajo un árbol.

La vuelta en bicicleta a Katmandú fue dura. Nadie se encontraba con fuerzas para emprender los kilómetros que restaban hasta nuestras casas, pero lo hicimos, y en el trayecto entendimos la repercusión del terremoto, el horror y el miedo que había causado. Ya nada era igual que unas horas antes.

Vimos los hospitales improvisados, los heridos y los derrumbes que obstaculizaban nuestro regreso.

Durante el trayecto se multiplicaron las réplicas. A cada rato teníamos que bajarnos de las bicicletas e intentar resguardarnos en sitios más seguros. Finalmente cruzamos de nuevo Katmandú, que permanecía en silencio, con todo el mundo en las calles; los extranjeros haciendo colas en las puertas de sus embajadas y los nepalíes apostados en las medianas de las calles.

Mi casa había quedado dañada pero se mantenía en pie. En mi habitación todo acabó por el suelo. Era como si hubieran entrado a robar. Ése fue el último instante en el que estuve bajo ese techo. Minutos después, las réplicas empezaron de nuevo y ya no pude volver. Nada era seguro ya.

Sin haber podido comer nada, dos de mis compañeras del estudio y yo intentamos construirnos un nuevo hogar con mantas y esterillas de yoga en el jardín de una de nuestras vecinas, que con increíble humanidad, abrió las puertas de su casa y permitió a todo el vecindario acurrucarse unido bajo el cielo nepalí. Desgraciadamente el clima cambió y esa noche fue fría y lluviosa para todos; una noche silenciosa y llena de réplicas que se podían anticipar tan sólo por los gritos estremecedores de todos aquellos que nos encontrábamos en el valle de Katmandú.

Al día siguiente empezamos a vagabundear por las calles intentando encontrar un alojamiento, comida, agua, y señal de teléfono. Lo encontramos en uno de los pocos hoteles que habían quedado abiertos pues la mayoría había cerrado porque sus empleados habían abandonado sus puestos de trabajo, ansiosos por conocer el estado de sus familias y sus casas.

En nuestro hotel nos permitieron subir a las habitaciones, pero justo en el momento en el que había decidido intentar darme una ducha, y exactamente un día después del primer terremoto, una réplica de 6,7 grados nos sacudió de nuevo y a mí me cogió intentando darme una ducha en el hotel Gangjong en la calle Lazimpat.

Decidí —no sé si bien o mal— salir corriendo y llegué escurriéndome por las escaleras del primer piso hasta la calle, donde ya estaba todo el mundo con las mismas caras y el mismo miedo que el día anterior.

A partir de ese momento la comida en nuestro hotel empezó a escasear, y ya no eran capaces de asegurarnos si podríamos dormir allí esa noche. Por la tarde se anunció la llegada de un nuevo terremoto. Las noticias que llegaban no eran nada alentadoras. Se esperaba que fuera de 10 en la escala de Richter. De nuevo todo el mundo en la calle, de nuevo el pánico, aunque finalmente las placas índica y euroasiática decidieron darnos una tregua y no crujir esa tarde. Por la noche decidimos ir al aeropuerto para ver si podíamos beneficiarnos de los múltiples aviones que el gobierno indio estaba fletando para rescatar a sus miles de compatriotas que se agolpaban masivamente a las puertas del aeropuerto. Pero aunque nuestra empresa era india y teníamos visado de entrada a ese país, nunca pudimos coger ese avión, y esa noche fue una de las más duras de mi vida.

Hacía frío y llovía incansablemente sobre nuestras cabezas. Éramos las últimas de una cola de más de diez horas de espera, sin comida y con las pocas pertenencias que habíamos podido sacar de nuestra casa encima. Así pasamos varias horas, hasta que el frío y la lluvia que nos calaba los huesos nos empujaron a volver de nuevo a Katmandú. Sin saber adónde ir, decidimos resguardarnos en el edificio en el que se encontraba el estudio de yoga en donde hacía tan solo unos días habíamos estado trabajando con absoluta normalidad. El inmueble se había mantenido en pie y nos refugiamos en el local que da a la calle. Dejamos la puerta abierta por si acaso teníamos que salir corriendo y allí intentamos descansar la segunda noche.

El día siguiente lo empezamos como el anterior, vagabundeando por Katmandú, intentando encontrar comida, agua, Internet, teléfono... Encontramos todo eso en el hotel Radisson, que había abierto sus puertas a todo aquél que necesitara sus servicios. Ya no cobraban por la comida que les quedaba y la recepción se había convertido en un campamento improvisado para todos sus huéspedes, que ya no se atrevían a subir a sus habitaciones. Parte de los representantes de la prensa internacional que habían conseguido —no sé cómo— aterrizar en Nepal la noche anterior, se encontraban en el hotel intentando recabar toda la información posible.

Mientras tanto, en Katmandú la Historia se había hundido. La encantadora plaza Durbar se había desvanecido. Sin embargo, el templo donde reside la Kumari Devi estaba intacto. Se publicó en los periódicos que la niña-diosa no se asustó en ningún momento durante el terremoto mientras todos los que convivían con ella corrían asustados a refugiarse a su lado. Por primera vez, esta niña había sentido el suelo moverse bajo sus pies y la experiencia debió cambiarla para siempre. El resto de nepalíes, aterrorizados, se refugiaron en las zonas más abiertas y seguras de la capital, temerosos de regresar a sus casas por si éstas ya no existían.

Se habían anunciado nuevas réplicas para los próximos días. Habían sellado nuestra casa y nuestro estudio de yoga había cerrado de manera indefinida. Nos quedaba muy poco dinero. Los cajeros habían dejado de funcionar y en el valle nos estábamos convirtiendo en alguien más a quien ayudar, con lo cual decidimos ver qué opciones reales teníamos para salir de Nepal.

Mis compañeras –una chica de nacionalidad húngara– y otra india, y yo pasamos varias horas de ese día junto al teléfono del hotel Radisson intentando localizar a nuestro jefe en Chennai, India, para que nos reservara asientos en un vuelo de salida a Delhi.

Pero al no obtener respuesta por la inestabilidad de la línea telefónica, me decidí a preguntar en la recepción del hotel por el teléfono del consulado español en Katmandú. Justo en ese momento apareció una pareja de policías españoles procedentes de Delhi que recorrían los hoteles de la capital en busca de españoles que quisieran ser repatriados. Mis compañeras y yo decidimos trasladarnos con ellos al hotel Dwarika´s, base del consulado español, en espera de poder ser enviadas a la India, donde dos de nosotras residíamos.

En el hotel fuimos cuidadosa y amablemente acogidas junto el resto de españoles que poco a poco fueron llegando al improvisado punto de encuentro. Nos dieron de comer y nos trataron con suma delicadeza y respeto. La cónsul, Laura García Alfaya, y todo el equipo consular que se trasladó a Nepal, así como la embajada española en Delhi, realizaron un trabajo incansable y tremendamente eficaz durante todo el proceso de repatriación.

Curiosamente, aquella misma tarde y habiendo perdido prácticamente toda esperanza, recibimos noticias de Chennai. Podían sacarnos a Delhi en un vuelo comercial en un par de horas. Mis compañeras decidieron intentar esa posibilidad, pero yo opté por permanecer en el Dwarika´s.

Ellas consiguieron salir esa misma tarde hacia Delhi. Yo permanecí, ya sola y por mi cuenta, en el hotel junto con el resto de españoles. De nuevo se anunció otra réplica.

Mi última noche en Nepal la pasé en la nave de la empresa española San José, con sede en las cercanías del aeropuerto, que se convirtió en un acogedor y hospitalario punto de encuentro de muchos de los españoles que, desesperados, no sabían adónde acudir. Finalmente, y tras una noche más en Delhi, llegué a España sana y salva el jueves 30 de abril.

La experiencia de poder contemplarme a mí misma en el mismo instante en el que hay una posibilidad de perder la vida, me ha dado, sorprendentemente, una mayor fortaleza. Es curioso que en ese momento la sensación de miedo te abandone, pues no es miedo lo que se siente, sino una absoluta entrega a la propia circunstancia. Sin más, sin drama. Pero, irremediablemente, el instinto de supervivencia se me ha quedado activado, quizá para siempre. Lo peor, sin duda, es el sufrimiento al que las personas tienen que hacer frente un día cualquiera, la incertidumbre y el dolor, y por supuesto, la dura confirmación de lo fugaz que puede volverse nuestra propia vida. Lo mejor, sin duda, la esperanza; ver al hombre ayudar al hombre es el mejor de los regalos y con ése volví distinta a España.

UNA VERDADERA LECCIÓN DE VIDA
Claudia (33 años) y Ferran (32 años)

Hacía apenas 24 horas que estábamos en Nepal y dos en Bhaktapur, la tercera ciudad más grande del valle de Katmandú, situada a 13 kilómetros al este de la capital y declarada Patrimonio de la Humanidad en 1979.

Recorrer las calles de Bhaktapur era como visitar un museo al aire libre. Cada plaza, cada templo, cada edificio, eran obras de arte. Todo ello, unido a la limitación en la circulación de vehículos dentro de la ciudad, hacía que dar un paseo por sus callejuelas se convirtiese en un viaje en el tiempo.

El templo Nyatapola, una pagoda con un techo de cinco niveles, se alcanza subiendo unas escaleras que te llevan hasta una plataforma. Construida en 1701, es una de las pagodas más altas del país, pues mide unos treinta metros de altura. También es uno de los mejores ejemplos de la inmensa obra ornamental que suele acompañar a los edificios de este tipo, con estatuas de elefantes, leones y otras representaciones de deidades locales.

Arriba de las escaleras, en la plataforma del templo, estábamos Ferrán y yo cuando se produjo el terremoto.

Cuando todo empezó a temblar no entendí de inmediato lo que estaba pasando. Desde la plataforma vimos que los pájaros volaban en todas direcciones, que la gente gritaba y corría hacia el centro de la plaza. Mi pareja dijo entonces:

—Es un terremoto. ¡Tenemos que bajar!

Pero era imposible bajar las escaleras corriendo porque todo temblaba demasiado. Entonces él se sentó y empezó a bajar escalón por escalón. Yo no podía. Vi que empezaban a caer trozos de tejas en las escaleras y cómo se derrumbaba una casa a mi izquierda y la plaza empezaba a inundarse de polvo. Uno de los dos chicos que estaban con nosotros y que también se habían quedado arriba me abrazó y me dijo que no podía bajar. Era demasiado peligroso. Podía caernos un cascote en la cabeza, porque se estaba produciendo literalmente una lluvia de piedras. Puede que ese desconocido me salvara la vida. Pero yo pensaba también que teníamos cinco pisos encima. Todo se podía caer en cualquier momento. Cuando Ferrán llegó al centro de la plaza, se giró y se dió cuenta de que yo no estaba con él. Entonces vio mis pantalones morados en la parte de arriba de las escaleras del templo. Me pidió a gritos que bajara. «No puedo», quise decirle, pero no era capaz de gritar. Estaba paralizada. En este momento él no sabía que mientras bajaba las escaleras, habían caído trozos de tejas a su alrededor. Luego me dijo que la propia escalera se estaba resquebrajando por abajo. Por suerte no le llamé desde la plataforma. Quizá al intentar subir de nuevo se hubiera matado. Cuando terminaron los temblores pensé que era la oportunidad y bajé corriendo del templo, evitando todos los trozos de piedra y teja en las escaleras.

Una vez al lado de Ferrán, y tras asegurarnos de que ambos estábamos bien, cobré una mayor conciencia de lo que acaba de pasar, al ver por aquí y por allá casas que se habían caído y templos parcialmente en el suelo, y al observar, como todos los presentes en la plaza, el techo del templo de Nyatapola moviéndose suavemente hacia la derecha y luego hacia la izquierda, amenazando con caerse en cualquier momento. Nuestro miedo se intensificó. Teníamos que salir de allí. Solamente había un camino por donde pudiéramos ir para llegar a la plaza principal de Bhaktapur, pero suponía pasar por una calle en la que se veían tres o cuatro casas destruidas y la fragilidad que aparentaban algunos de los edificios nos hacía temer que todo se iba a caer de repente. Pasados unos 10 o 15 minutos decidimos movernos, aunque con cuidado. Rápidamente, pero sin correr. Una vez llegados a la plaza Durbar, percibimos aún más la magnitud de tragedia. Monumentos o partes de templos que habíamos fotografiados tan sólo dos horas antes ya no existían. Qué dolor nos provocó ver aquello. Qué tristeza. Encontramos a un grupo de turistas cuyo guía se había enterado por Internet que se hablaba de un terremoto de 7,8 grados. Nos confirmó que el país acababa de sufrir una catástrofe. De repente, una réplica importante hizo temblar de nuevo la tierra. La policía, que había llegado, nos gritó que nos sentáramos en el suelo. Un templo que ya se había caído en parte sufrió nuevos derrumbes. Entonces nos explicaron que un terremoto nunca termina enseguida, que siempre hay réplicas, y que éstas pueden ser fuertes.

Nos quedamos allí una media hora más –la estimación de tiempo en estas situaciones es muy relativa, quizá fueran diez minutos eternos–, y luego decidimos seguir nuestro camino hasta salir del centro histórico de Bhaktapur para buscar al chófer que nos tenía que llevar a Nagarkot, en la montaña. Cuando lo encontramos estaba intentando contactar con su familia en Katmandú, pero no conseguía hablar con ellos. Nosotros pudimos enviar mensajes a nuestras familias, que no estaban todavía al corriente de lo que acababa de pasar, pero él no podía ponerse en contacto con la suya. Le dejamos nuestros móviles para que lo intentara, pero no tuvo éxito.

Finalmente nuestro chófer nos indicó que teníamos que seguir nuestro camino e ir a Nagarkot como estaba previsto. Nos llevó unos 40 minutos ir en coche de Bhaktapur a este pueblo montañero. Las escenas que vimos de camino eran dantescas. Avistamos decenas de casas total o parcialmente derruidas, en todo caso inhabitables. Mucha gente estaba reunida en espacios abiertos tratando de mantenerse a salvo de cualquier derrumbe. Se respiraba el miedo y todos ansiábamos obtener una sensación de seguridad.

Mientras subíamos por la montaña, empecé a preguntarme si era lo más seguro. Esta duda no nos abandonó en cada decisión que tuvimos que tomar. Pero ver que todos los árboles seguían en pie nos dio seguridad. Cuando llegamos al hotel, todo el personal estaba fuera y nos recibió con una gran sonrisa, algo normal entre los nepalíes. Entramos para registrarnos y en ese momento se produjo una réplica muy fuerte que nos hizo salir corriendo del establecimiento para refugiarnos en un pequeño parque que había enfrente. Con el director del hotel y los demás clientes, decidimos quedarnos a pasar el resto del día y de la noche allí ya que el sitio más seguro para nosotros era cualquiera donde no tuviéramos nada encima de la cabeza. El personal encendió dos fuegos para calentarnos y trajeron sillas y mantas. También sacaron todo el material para cocinar y se pusieron a preparar la cena allí fuera, a la luz que alimentaba un generador. Un miembro del equipo del hotel también sacó una guitarra y se puso a tocar y a cantar canciones nepalíes.

Después de la cena –picante, pero buenísima–, intentamos dormir como pudimos. La mayoría de los turistas se quedó fuera, tumbados entre sillas. Otros prefirieron dormir en la recepción del hotel, cerca de la entrada por si se producía otro terremoto.

Personalmente me fue imposible descansar. La tierra no paraba de temblar. A veces de manera más fuerte que otras, pero siempre temblaba. Después de unas horas yo ya no sabía si era la tierra la que temblaba, si eran mis piernas, todo mi cuerpo, o si lo que sentía era solamente el latido de mi corazón. Pasé una noche de mucho miedo, y sólo el temprano canto de los pájaros por la mañana me tranquilizó y recordó que la vida seguía.

Tras el desayuno todos los turistas decidieron abandonar el pueblo en dirección a Katmandú y su aeropuerto. Nosotros nos quedamos, pues no teníamos ningún otro plan: no teníamos billetes de avión, y sabíamos que en el aeropuerto reinaría el caos. Tampoco nos pareció razonable volver a la capital, ya que el peligro no había pasado y allí no teníamos ningún sitio seguro adonde ir. Poco a poco los turistas fueron reemplazados por gente del pueblo que buscaba un plato caliente. En momentos así la solidaridad se acentúa por encima del instinto de supervivencia y a nadie se le niega un plato de comida.

Pasamos el día pendientes del teléfono –eso, cuando teníamos batería, lo cual dependía de que hubiera electricidad para poder cargarla–, en contacto con la familia y los amigos que nos iban informando de las noticias. Cuando nos enteramos de que la embajada española iba a enviar un avión para evacuar a sus compatriotas y que el punto de encuentro se había establecido en las oficinas de una constructora española encargada de las obras de ampliación del aeropuerto de Katmandú, decidimos que al día siguiente volveríamos a la capital. Pero mientras tanto intentamos ser pacientes. Nos duchamos con prisa, por miedo a que hubiera otro terremoto.

Al final del día, y pocas horas después de una réplica muy fuerte que tuvo lugar casi 24 horas después del terremoto, se puso a llover. Después de la cena, que tomamos bajo una tienda de campaña montada por el personal del hotel, optamos por dormir en un autobús que estaba aparcado cerca, acompañados por unos habitantes del pueblo.

Esa segunda noche fue todavía peor para mí que la primera. Estaba aún más asustada, y me entró un ataque de pánico del que por suerte Ferrán supo sacarme. Además de sentir siempre la tierra y el autobús temblando, el ruido de la lluvia repiqueteando en el techo del autobús, aunque no estuviera lloviendo con mucha fuerza, no me tranquilizaba nada, ya que se escuchaba sólo eso. De repente ya no sabía adónde había que ir para estar lo más seguros posible. ¿Era mejor dormir en la recepción del hotel? Tenía muy claro que dormir allí no era seguro, pero dormir en el autobús, que estaba ligeramente en pendiente y tan cerca de la ladera de la montaña... ¿y si se producía un corrimiento de tierras? No podía dejar de pensar en ello y me sentía muy intranquila.

De nuevo fue el canto de los pájaros a la mañana siguiente el que provocó que la vida volviera a aparecer. A las 6.00 h decidí salir del autobús para asegurarme de que todo iba bien. ¡Qué alivio sentí una hora después al poder tomar una taza de té caliente y ver a todo el mundo bien! Aunque hacía dos noches que no dormía, tenía una energía increíble para la cual no hallaba explicación. Puede que fuera una reacción que lleva aparejada la supervivencia, porque si empiezas a pensar en todo lo que está pasando o puede todavía pasar, te hundes.

Después del desayuno hablamos con una pareja estadounidense que había llegado el día anterior con su guía y chófer y aceptaron llevarnos a Katmandú y dejarnos cerca del aeropuerto, ya que ellos volvían a la capital. Nos despedimos del equipo del hotel y dejamos la ropa, el material y el dinero que pudimos al director para que lo repartiera entre la gente del pueblo. Era lo mínimo que podíamos hacer por ellos tras haber permanecido 48 horas con nosotros, haciendo todo lo posible para que estuviéramos cómodos en esas circunstancias, preocupándose por nosotros que estábamos solos y no conocíamos a nadie. Nos quedamos muy sorprendidos de que pensaran más en nosotros que en ellos mismos, cuando nosotros íbamos a estar de vuelta en España en unos días, mientras que ellos se quedarían allí sin saber muy bien cómo se desarrollarían los próximos meses.

Durante la vuelta a Katmandú vimos los daños que había provocado el terremoto. ¡Cuántas casas destruidas, cuánta gente a la intemperie! El caos iba aumentando a medida que nos acercábamos a la capital. Se veían grandes grietas por la carretera, y no nos daba confianza pasar por encima de ellas.

Una vez llegados al aeropuerto, encontramos las oficinas de la constructora española, donde ya había unos 70 españoles esperando. Allí nos quedamos unas doce horas hasta ser repatriados.

Cuando volvimos a España sentimos alivio por haber vuelto a nuestra tierra, pero también tristeza e incluso de vergüenza por habernos ido y haber dejado a esa gente que tanto nos había ayudado. No hay un sólo día en el cual no pensemos en ellos. Y cada noche, cuando estoy en la cama, tengo la impresión de que hay temblores. La vuelta a nuestra realidad también nos costó. Nos superaba ver toda la abundancia que tenemos aquí; todos los productos que encontramos en cualquier supermercado, de los que sabemos que un alto porcentaje terminará a la basura. También nos resultó extraño darnos cuenta de lo mucho que aquí valoramos cosas que en realidad no tendrían que importarnos.

Lo que más nos impactó del pueblo nepalí es que se lo tomaban todo con una sonrisa, pensando en buscar soluciones antes que en obsesionarse con los problemas. Una verdadera lección de vida. Y si hay una cosa que tenemos aún más clara desde entonces, es que hay que disfrutar de cada instante de la vida.... ¡y que volveremos a Nepal!

NEPAL, DEVASTADO

María Fernández Busto (34 años), Carlos Márquez Fuertes (33 años) y Sheila Suárez Fernández (35 años)

El ajetreado Thamel, en Katmandú, es un barrio que nunca descansa; siempre está animado, lleno de gente, tiendas, agencias de viajes, turistas, perros, tráfico de rickshaws, motos y coches, y todo ello parece guardar un orden dentro del desorden. El 25 de abril de 2015, sobre las 8.15 h, salimos del hotel y caminamos tranquilamente por sus calles. Parecía un día tranquilo y de temperatura agradable, por lo que habíamos decidido visitar el templo hindú más conocido de la zona.

El Pashupatinah es uno de los templos más importantes dedicados a Shiva, conocido por sus cremaciones. Allí acuden muchos hindúes a despedirse de sus familiares y a incinerarlos en las piras funerarias a orillas del río Bagmati. Era sábado y había un constante trajín de gente entrando y saliendo descalza con la tikka pintada en la frente, el tercer ojo, el que todo lo ve y lo sabe, la bendición. Entramos en la zona de los ghats, los escalones a orillas del río donde se realizan las cremaciones. Los tres estábamos ensimismados, callados, observando cómo preparaban el cuerpo de una mujer mayor para ser incinerada, intentando comprender su forma de ver la muerte. El ambiente estaba envuelto en una nube de humo procedente del incienso, la leña, los cuerpos quemados. A la mujer la habían lavado con agua del río sagrado, y ya la tenían envuelta en telas de color naranja. Parecía que esa parte de la ceremonia terminaba y ya la tenían al borde del río inclinada sobre los escalones, cuando, de repente, a las 11.56 h, el suelo tembló como si pasara un tren cerca... Como si el temblor formara parte de la ceremonia, nos preguntamos: «¿Qué ha sido eso?», pero acto seguido los pájaros alzaron el vuelo, los monos corrieron despavoridos y la tierra empezó a temblar. El río que hasta hacía poco parecía un riachuelo de poco caudal y aguas tranquilas, empezó a moverse de un lado para otro, creando olas como si del mismísimo Cantábrico se tratara. Vimos que el cuerpo de la mujer resbalaba y caía al río mientras toda su familia intentaba correr escalones arriba. Una gran humareda de polvo se levantó detrás del templo, en el interior de la ciudad, rompiendo toda la magia de la ceremonia y cambiando totalmente la escena. Fue tal la magnitud de la sacudida que durante ese eterno medio minuto intentamos ponernos a salvo sin encontrar una dirección. Unos pasos hacia delante y: «¡No, hay una pared sin salida!» «¡Ojo, entre las pagodas no!» Unos pasos hacia atrás y: «¡No os separéis!» Pero de repente todo se detuvo y concluimos: «¡Ha sido un terremoto!».

Los tres nos miramos con cara de pánico y nos dirigimos desorientados escaleras arriba, siguiendo a los nepalíes en busca de algún lugar al aire libre y alejado del complejo de templos. Esos primeros minutos las piernas te flaquean y el miedo se apodera de ti. Nos quedamos en un pedazo de campo al aire libre con varios nepalíes. Nos sentamos en el suelo. Cada vez que había un nuevo temblor, el corazón nos palpitaba a mil por hora. Lo único que se nos pasaba por la cabeza es que estábamos bien, juntos y vivos. Aún no conocíamos la magnitud de la tragedia y empezamos a barajar las posibilidades que teníamos ante lo sucedido. Lo primero que pensamos fue en trasladarnos de la capital a un pueblo a las afueras, donde hubiera casas bajas, menos gente y más espacio al aire libre. Después se nos ocurrió que seguramente las carreteras no estarían en buen estado y habría un caos circulatorio. Nos sentamos a esperar y pensar. Entretanto apareció Iván, un chico argentino con quien discutimos la situación sin llegar a ninguna solución. Hicimos un par de incursiones a por agua y galletas pues desconocíamos el tiempo que íbamos a tener que pasar ahí. Nos iban llegando noticias de carreteras rotas, casas derruidas, y de muchas víctimas probablemente.

Iván mientras tanto pudo conectarse con su teléfono y hablar con un amigo que vivía en Katmandú. Nos aconsejó que fuéramos a un hotel que tenía un punto de reunión seguro para estos casos. Eran las 14.30 h, nos quedaban solamente cuatro horas de luz y teníamos que buscar un sitio donde dormir. No queríamos volver al barrio de Thamel donde se encontraba nuestro hotel, así que decidimos poner rumbo a ese nuevo sitio aceptando dejar el único lugar seguro al que nos podíamos agarrar, el descampado en el que estábamos. Al salir vimos partes del templo completamente derruidas. Emprendimos una angustiosa travesía por una larga calle de aproximadamente dos kilómetros intentando encontrar el camino más seguro por miedo a nuevas réplicas. La gente estaba en la calle. Motos y coches corrían de un lado para otro. Afortunadamente no vimos heridos ni víctimas. Seguimos caminando y, antes de llegar a nuestro objetivo, tropezamos con la estupa de Boudhanath, lugar sagrado budista. Junto con los monjes, la gente estaba dando vueltas a la estupa como manda la tradición, como si de un día normal se tratase. Pero aquella vez rezaban para que no se repitiese el terremoto. Nos unimos a la oración acompañando a un monje que nos pidió que estuviéramos tranquilos, que él estaba seguro de que no se volvería a repetir y que lo peor había pasado. Nos informó de que el terremoto había sido de 7,8 grados en la escala de Richter. Fuera como fuera, el monje nos trasmitió calma y seguridad. Le rodeaba un aura de espiritualidad que nos hizo tener menos miedo. Hasta que el suelo volvió a temblar y vimos el peligro de la zona. La estructura de la estupa estaba resquebrajada y si se caía estallaría en mil pedazos sobre nosotros. Buscamos una zona apartada en la plaza y afortunadamente conseguimos conectarnos al wifi de un hotel para avisar a nuestras familias y a nuestros amigos de que estábamos a salvo.

Decidimos seguir caminando en busca del hotel. Anduvimos un kilómetro más hasta que llegamos al Edén, un inmenso jardín que se abrió ante nosotros acompañado de todos los extras del lujoso Hyatt, el hotel que íbamos buscando para ponernos a salvo. Comimos en un restaurante justo al lado y decidimos sentarnos a pensar. ¿Qué pasaría ahora? ¿Cuánto tiempo tendríamos que estar allí? No teníamos chaqueta y empezaba a hacer frío. En un arrebato de inconsciencia que todavía no entendemos y seguro que el lector tampoco, decidimos volver a Thamel a buscar nuestras cosas. Salimos a la carretera y negociamos con un taxista que finalmente accedió a hacer el trayecto de ida y vuelta. Nos pidió 40 dólares, cuando lo normal habrían sido cuatro. Estaba empezando a anochecer y durante aquel trayecto nos dimos cuenta del estado desastroso de la ciudad. Vimos derruidos muchos templos por los que habíamos paseado aquella misma mañana; las casas inclinadas junto a otras derrumbadas parecían de cartón; había postes de la luz caídos que habían aplastado coches; la gente se amontonaba en campamentos improvisados en los parques y las zonas abiertas de la ciudad. Todo esto nos iba poniendo más nerviosos pues se acercaba la hora de tener que internarnos en Thamel. El taxista nos explicó que estaba todo cortado, por lo que tuvimos que pasar por un laberinto de calles para llegar a nuestro hotel. Encontramos una calle cortada y nos pidió que fuéramos andando, que él nos esperaría ahí. Desorientados, no encontrábamos el hotel y nos arrepentimos de nuestra decisión. En cualquier momento podía producirse otra réplica, o lo que es peor, otro terremoto. Por fin llegamos al hotel, que tenía la verja de la entrada a medio cerrar, y subimos las dos plantas hasta la recepción. El recepcionista seguía en su puesto de trabajo como si fuera un día cualquiera. No nos quería dejar acceder a la habitación. Le explicamos que sólo queríamos coger la mochila y nos dejó pasar. Mientras subíamos los dos pisos restantes hasta llegar a nuestra habitación nos dijimos: «Dos minutos y fuera». Lo recogimos todo temblando. Pagamos lo que debíamos y salimos corriendo hacia el taxi pensando que quizá ya no estaría ahí. Pero lo encontramos en cuanto giramos la esquina cargados con la mochila. Nos montamos en él y salimos disparados de allí.

Habíamos entrado y salido de Thamel con éxito y por la noche ya estábamos de vuelta en los jardines del hotel Hyatt. Nos preparamos para pasar la noche a la espera de una nueva réplica que no faltó a la cita. Nuevamente angustiados, intentamos descansar algo a pesar de la lluvia y los continuos temblores.

Al despertar al día siguiente recibimos el primer periódico con noticias del desastre y entonces fue cuando empezamos a conocer el alcance real de lo sucedido. Nepal había quedado devastado y había miles de muertos y heridos. Pasamos el día allí, entre noticias que nos iban llegando y gente que venía de otros lugares y nos contaba sus experiencias. El hotel se encargó de ofrecernos agua y comida y de informarnos sobre las réplicas que se iban sucediendo. Mejoramos el campamento con sábanas y sombrillas y nos preparamos para pasar otra noche a la intemperie. A eso de las 20.00 h comenzó a correr el rumor de que esa noche se produciría un terremoto mayor que el del primer día y que vendría acompañado de una tormenta de lluvia. El ánimo de todos los que allí estábamos se ensombreció y nos quedamos callados, sentados bajo la lluvia, esperando el fin del mundo que afortunadamente nunca llegó.

A la mañana siguiente aparecieron dos personas de la embajada española que venían a recogernos y llevarnos al punto de evacuación, ubicado en las oficinas de una empresa española, Construcciones San José, donde se estaba reuniendo a todos los españoles. Los trabajadores de esa empresa ayudaban con sus propios coches a trasladar españoles desperdigados por Katmandú. Allí nos fuimos juntando todos, pasando el rato con la narración mutua de nuestras historias en espera de un avión que nos evacuara a Nueva Delhi. Ese avión, sin embargo, no obtuvo permiso para aterrizar hasta bien entrada la noche, por lo que pasamos otro largo día en las instalaciones de la empresa. Nos organizamos para distribuirnos tareas como cocinar, hacer listas con los nombres, recoger ropa y medicamentos para los nepalíes y ayudar en todo lo que se pudiera para pasar las interminables horas de espera. Una vez en el avión que nos sacaría de Nepal después de más de 60 horas de incertidumbre y angustia caímos en un profundo sueño.

Estos desastres naturales ocurren en el mundo, desafortunadamente más de lo que desearíamos, sólo que esta vez nos tocó vivirlo en primera persona y no sólo verlo en los telediarios. Para los que no somos nepalíes y pudimos volver a casa esto quedará grabado para siempre en nuestras memorias. A los nepalíes les queda reconstruir una nación sin posibilidad de escapar a ningún sitio. Tras haber compartido un tiempo con ellos, y disfrutado de su acogedora hospitalidad, inocente y humilde, haber sufrido esta catástrofe siempre nos hará recordar Nepal y tener algo en común con este pueblo. Nuestros mejores deseos para ellos.

TODO PUEDE ACABAR EN 30 SEGUNDOS
Javier Picón (48 años) y Estrella Lorenzo (45 años)

Nuestro viaje por las «bodas de plata» comenzó con una escala en Delhi el 23 de abril, y el 24 al mediodía salíamos para Katmandú. Cuando el avión nos acercaba a nuestro destino nos parecieron impresionantes los picos del Himalaya.

Ya en el aeropuerto tuvimos que hacer el visado para entrar en Nepal y allí conocimos a un matrimonio francés con tres niños pequeños. Después de pasar todos los controles y de cambiar euros en rupias nepalíes fuimos a la salida, donde estaba esperándonos Chamdan, nuestro guía. Tras dejarnos en el hotel, nos citó a las 8.30 h del día siguiente para llevarnos de visita por Katmandú.

Nos levantamos una hora antes, y después del desayuno salimos del hotel con el guía y el chófer. Nos fuimos a conocer la plaza Durbar. Entramos en todos los monumentos y nos pareció un lugar increíble.

A las 11.30 h llegamos al *Monkey Temple*, que se encuentra en lo alto de una escarpada colina. El día estaba claro, con solecillo, mientras íbamos subiendo las escaleras. Al llegar a la cima nos encantó el templo, con sus tiendas, sus casas y sus vistas espectaculares sobre Katmandú.

Había muchos lugareños, sobre todo mujeres que llevaban ofrendas por la salud de sus hijos, que las acompañaban en el ritual. Era sábado, día festivo en Nepal, y por esa razón había tanta gente en los templos.

No parábamos de hacer fotos. En el centro vimos a dos niñas con sus vestidos de domingo y las caritas pintadas y también las retratamos. Pero de repente el día se oscureció. Se levantó un viento violento, como si fuese un tornado, y se escuchó el graznido horroroso de los pájaros que presagiaban que algo iba a suceder. Acto seguido, un ruido ensordecedor lo invadió todo. Era como si estuviesen tocando 20.000 tambores a la vez. No entendíamos nada. No sabíamos por qué razón la gente corría y gritaba sin parar. Le preguntamos al guía qué sucedía y él nos dijo:

—Es un terremoto, y muy potente. No os mováis. Tenemos que permanecer aquí, en el centro. —Nos agarramos los tres de las manos y ahí nos quedamos, esforzándonos por mantenernos en pie. Nos sentíamos zarandeados de manera exagerada. El suelo no paraba de moverse y en unos segundo todo se cubrió de un polvo tan espeso que no podíamos ver ni respirar. Ese polvo era la tierra de todas las edificaciones que se caían a nuestro alrededor. Estrella, mi mujer, llevaba una pañoleta al cuello y con ella nos tapamos la cara los tres para poder respirar. Luego nos dijeron que el temblor había durado medio minuto, pero a nosotros nos pareció una verdadera eternidad. Las construcciones se desplomaron como castillos de naipes. La gente gritaba.

Estrella decía:

—Es increíble que haya tenido que venir a morir aquí. He superado dos ictus el año pasado y voy a tener que sucumbir a un terremoto en Nepal al día siguiente de nuestra llegada... ¡Qué muerte tan absurda! ¿Qué hacemos en Nepal? —Yo trataba de consolarla:

—Tranquila, no podemos morir, no vamos a morir en Nepal.

Seguíamos agarrados los tres sin poder ver nada. Cuando el polvo se disipó y el atroz movimiento cesó, pudimos ver lo que había sucedido a nuestro alrededor. Había personas entre los escombros, personas heridas... Un caos. Estábamos traumatizados. No éramos conscientes de lo ocurrido. No sabíamos qué hacer. Reconocimos a las dos niñas a las que habíamos fotografiado segundos antes del temblor. Su padre se había tumbado encima de ellas y los tres estaban bien en medio de los escombros. Chamdan nos dijo:

–¡Vámonos! Tenemos que salir de aquí. Va a haber réplicas. Tenemos que bajar. Se caerá todo. –En ese momento no puedes pensar. Quieres escapar pero también quieres ayudar a esas personas que están heridas. Es una decisión muy difícil.

Al ir hacia las escaleras comprobamos que de la ciudad de Katmandú salía humo, como si todo se hubiese incendiado. Pero el fuego no era tal, sino el polvo de las edificaciones al caer. Nos resultó horroroso comprobar cómo estaba todo y para el guía fue tremendo ver como su preciosa ciudad había quedado medio destruida. Las escaleras por las que habíamos subido estaban destrozadas y llenas de escombros. Tuvimos que bajar por otras, muy empinadas y de peldaños grandes. La gente descendía corriendo en busca de ayuda. Había que bajar con mucho cuidado. También nos encontramos con cientos de monos que bajaban desesperados. Estaban como locos, atacaban, tenían la boca llena de espuma y teníamos que tener mucho cuidado y evitar que nos mordieran, ya que podían transmitirnos la rabia.

Cuando llegamos a la mitad del descenso nos encontramos con el matrimonio francés y los tres niños que habíamos conocido en el aeropuerto. Nos abrazamos y lloramos al ver que todos estábamos vivos, como si los conociésemos de siempre. Los niños nepalíes nos abrazaban al vernos cubiertos de polvo. Fue muy emotivo.

Nos despedimos y continuamos descendiendo hasta llegar a un descampado. El guía nos dejó allí y se fue a buscar al chófer. Encontramos a una chica que estaba sola. Le dijimos que se quedara con nosotros. La chica se llamaba Shasa, era de Eslovenia y llevaba 20 días en Nepal.

A cada rato había réplicas. Teníamos mucho miedo. La gente del descampado no paraba de gritar. Arriba, en el

Monkey Temple, se veía mucho humo. Había un incendio.

El guía tardaba muchísimo. Teníamos miedo de que les hubiese sucedido algo a él y al chófer. Cuando por fin los vimos llegar nos sentimos muy aliviados. El guía propuso que intentáramos llegar al hotel. Subimos al coche con Shasa y nos pusimos en camino, pero a los 200 metros nos fue imposible seguir avanzando. Las calles estaban cortadas y algunas casas se habían derrumbado. Decidimos regresar al descampado, donde realmente nos encontrábamos seguros. Seguir en coche nos parecía muy peligroso.

Cada vez había más gente en aquel espacio abierto. Llegaban más y más familias con mantas y comida. Todos parecían tener clara la idea de pasar allí la noche pues las réplicas continuaban.

Chamdan intentaba localizar a su familia por teléfono pero era imposible. Las comunicaciones por vía telefónica no funcionaban. Le pedimos que se fuera a casa para comprobar si estaban bien, pero no quiso dejarnos solos y nos acompañó todo el tiempo. Su gesto nos pareció increíble.

Al cabo de unas horas volvimos al coche para intentar ir por otro camino, pero no se podía avanzar. El chófer se fue a su casa, que estaba en las afueras, para ver a su familia, y Chamdan, Shasa y nosotros seguimos a pie. Era horroroso comprobar cómo estaba la ciudad. La plaza Durbar, que habíamos visitado por la mañana, estaba destrozada casi por completo, y a medida que caminábamos observamos cómo la gente ayudaba a sacar los escombros de otras casas. También vimos muchos monumentos destrozados, calles agrietadas, todas las tiendas cerradas y gente deambulando por las calles. Era fantasmagórico.

Cuando llegamos al hotel lo encontramos vacío. Los pocos huéspedes que había estaban enfrente, en un aparcamiento. El muro del hotel se había venido abajo y el edificio estaba agrietado. Le volvimos a pedir a Chamdan que se fuera a ver su familia, que era donde tenía que estar, que por nosotros ya había hecho suficiente. Al final se fue y llevó a Shasa hasta su hotel, de la cual no volvimos a saber nada. Tampoco volvimos a ver a Chamdan, que nos llamó desde el hospital donde estaba cuidando a su madre. Se había roto la pierna; era la única de la familia que había sufrido heridas.

Conocimos a un matrimonio estadounidense con dos niñas. Poco a poco fueron llegando más huéspedes al hotel, cosa que nos alegraba. El personal nos indicó que fuésemos al jardín, pues allí no había peligro de derrumbamiento al ser esa zona de nueva construcción. Nos hicieron algo de cena con arroz, lentejas y verduras. Llevábamos sin comer desde las 7.00 h de la mañana.

Aunque Eric y su familia, los estadounidenses, no estaban alojados en nuestro hotel, pedimos al personal del hotel que les diera algo de cena y nos dejaran unos colchones y unas mantas para poder dormir todos en el jardín. Nos facilitaron todo con gran amabilidad.

A la 1.00 h de la madrugada se empezaron a escuchar otra vez los graznidos de los pájaros y hubo una réplica bastante considerable. Empezó a llover y bajó la temperatura, por lo que nos aconsejaron que nos trasladásemos a un comedor. Nos llevamos los colchones y las mantas y nos acoplamos allí como pudimos, dejando las puertas abiertas por si acaso.

A las 5.00 h de la madrugada los empleados del hotel empezaron a gritar que saliésemos corriendo, y escuchamos otra vez el maldito graznido de los pájaros. Estaba todo temblando otra vez y volvimos medio dormidos al jardín. Había parado de llover pero ya no nos volvimos a dormir. Al cabo de un rato nos hicieron un té con unas tostadas.

La mañana se nos hizo interminable. Los huéspedes que habíamos regresado al hotel éramos pocos, unas 14 personas, y nos fuimos conociendo todos. En esos momentos en que estás al límite de tus fuerzas y con los nervios en constante tensión, todo el mundo te parece entrañable. Es como si los conocieras de toda la vida.

Nuestro equipaje seguía en la habitación. Necesitábamos recuperarlo porque Estrella tenía toda su medicación en las maletas. Después de mucho insistir nos dejaron subir, pero en 10 minutos teníamos que estar de vuelta. Subimos corriendo, sorteando escombros por las escaleras. No había luz. Cerramos las maletas a oscuras sin saber lo que nos dejábamos, pero eso era lo de menos.

Después de comer la gente empezó a marcharse: unos al aeropuerto, otros a sus consulados, y en el jardín nos quedamos nosotros, Eric y su familia, y Doménico y Elena, una pareja de italianos.

Estrella y yo estábamos reunidos en la recepción del hotel con un representante de nuestra agencia de viajes cuando empezó otra réplica muy fuerte, esta vez de 6,7 grados. Todo volvía a moverse y volvimos a sentir pánico. El hotel se agrietó aún más y vimos caer algunas tejas. Lo recuerdo como otro episodio angustioso.

El nuevo guía nos aconsejó abandonar el hotel. Él podía llevarnos a otro en las afueras en cuya explanada podríamos dormir fuera de peligro. Vivimos momentos caóticos. Nos enviaban mensajes y el teléfono del hotel recibía llamadas de nuestra agencia en España. El personal nos decía que el aeropuerto estaba cerrado. La agencia afirmaba que estaba abierto y nos conminaba a ir allí e intentar cambiar el billete. No sabíamos qué hacer. Al final el guía nos acercó al aeropuerto. Lo que vimos allí fue tremendo. El aeropuerto estaba sumido en el caos más absoluto. Las colas de personas indias eran interminables. Había peleas por subir a los autobuses. Los compañeros que habían dejado el hotel aún seguían allí. No había salido ningún vuelo porque el aeropuerto había estado cerrado desde el día anterior. Las imágenes eran de desesperación por abandonar Nepal.

Al ver que no podíamos hacer nada nos llevaron a la explanada de un hotel de cinco estrellas. En la puerta del recinto había cuatro policías con metralletas que impedían la entrada. El guía pasó diez minutos intentando convencerles de que nos dejasen pasar, y al final lo consiguió. El recinto era enorme, con carpas gigantescas y abundancia de colchones y mantas. Toda la gente que estaba allí eran nepalíes e indios de traje. Era evidente que no eran personas de clase social baja. Durante la noche empezó a llover a cántaros otra vez y hubo varias réplicas. Nos dolía en el alma pensar en las personas que estaban bajo los escombros y en los descampados sin poder refugiarse del diluvio que estaba cayendo.

Sobre las 6.00 h de la mañana del día 27 nos despertaron con muchas prisas. Vino a recogernos un taxi para llevarnos al aeropuerto, puesto que habían conseguido vuelo. En el aeropuerto nos esperaban dos hermanos, empleados de la agencia. Nos dijeron que teníamos que ir a las instalaciones de la constructora San José. Estrella fue con uno de ellos a preguntar a unas oficinas, pero no eran las de esa empresa. Al volver nos comunicaron que teníamos que ir a un hotel donde estaba la cónsul española de Delhi y que el vuelo en el que íbamos a volar era de las fuerzas armadas españolas. Nos subimos en las motos de los dos hermanos con las maletas y las mochilas y fuimos al hotel que hacía las veces de oficina consular, donde había ya un grupo de españoles.

Al llegar allí me derrumbé, pues toda la tensión que habíamos soportado hasta ese momento se aflojó y me puse a llorar al pensar que ya había pasado todo. Al poco nos despedimos de los dos hermanos agradeciéndoles lo que habían hecho por nosotros, pues gracias a ellos estábamos a salvo.

En el hotel encontramos a gente maravillosa que nos ayudó a pasar esos momentos en los que las fuerzas ya empezaban a fallar. Al poco rato Laura, la cónsul, nos comunicó que había un vuelo preparado para que todos los españoles pudieran salir de Nepal. No sabía a qué hora, porque le ponían muchas trabas para aterrizar. Nos dijo que quizás tendríamos que partir en dos tandas, según fuera el número de personas que se encontraban a la espera de ser evacuadas.

Sobre las 16.00 h nos indicaron que teníamos que ponernos en la parte segura, ya que iba a haber otro terremoto y había que estar todos juntos, pues en esa zona había mucho menos peligro de que nos cayera algo encima. Al final no se produjo la réplica fuerte anunciada y estuvimos todo el día en el hotel hasta que recibimos el aviso de que íbamos a ser trasladados a las oficinas de San José, a las que finalmente llegamos anocheciendo. Al llegar al aeropuerto, una vez pasados los controles de seguridad, comprobamos atónitos que Eric y su familia continuaban en la terminal. Llevaban dos noches durmiendo con sus niñas allí. ¡Y nosotros pensábamos que ya estaban en su país! Al final salimos de Katmandú el día 28 de madrugada y llegamos a Delhi por la mañana.

Estos días fueron de los más difíciles de nuestras vidas, ya que la sensación de impotencia que tuvimos en todo momento fue horrorosa. Vimos lo frágil que es la vida sometida a los fenómenos de la Tierra. Al mismo tiempo sentimos una terrible pena por dejar a esa gente maravillosa y a ese hermoso país en circunstancias tan difíciles. Esto nos producía una gran frustración.

Nos dimos cuenta de que hay que vivir el presente y no tanto el futuro, ya que todo puede acabar en cuestión de segundos. De 30 segundos.

Námaste, Nepal.

Capítulo 3

YO ESTABA EN NEPAL POR UN PROYECTO

TRABAJADORES, RESIDENTES, VOLUNTARIOS

CRÓNICA DE UNA DESPEDIDA NO ANUNCIADA
Alba Castellet Menchón (26 años)

De repente me encuentro agarrada a una barandilla enfrente de un gran centro comercial mientras todo Katmandú está temblando bajo mis pies. En ese momento fijo la mirada en el poste de la luz que tengo justo encima de mí y me viene un pensamiento a la cabeza: «No quiero morir aquí».

Ése fue el peor minuto vivido en mi corta vida. Por suerte, solo fue un instante fugaz. En cambio, hay otros recuerdos que son perennes y se incrustan en tu memoria para atormentarte. (Afortunadamente, con un poco de ejercicio y control mental, éstos también pueden desaparecer.)

Pero hay otros momentos que se aferran con tal fuerza en lo más profundo de ti que por más que lo intentes no puedes huir de ellos, porque sus amarres están hechos de una emoción que ni siquiera logras reconocer. Son aquéllos que logran pellizcar tu corazón. Yo soy portadora de uno de ellos; soy una eterna fugitiva del recuerdo de una despedida que nadie me anunció.

Si empezamos por el principio, os encontraréis con una chica que decide emprender un viaje a Nepal para realizar un voluntariado en un orfanato y adentrarse en la cultura de un país no occidental. Era un viaje espiritual, de búsqueda interior y satisfacción de una inquietud. Atrás dejaba a la persona a la que amo.

Dos meses después de pisar el pequeño país, los niños del orfanato a los que cuidaba y mis profesores de pintura nepalíes se convertían en mi segunda familia. Eran mi sostén emocional en ese país desconocido. Su amor y su cariño compensaban el dolor que sentía por estar lejos de David.

Y entonces, a falta de una semana para mi regreso, ocurrió. Todas esas despedidas que había planeado y felizmente imaginado se quedaron en eso, en meras ilusiones, pues una vez más la vida me dio una lección: «Alba, el cosmos es demasiado complejo para que tú, un ser insignificante para el universo, lo controles».

Era el sábado 25 de abril y yo había salido del orfanato para evadirme un momento del ajetreo de los niños y tener un poco de claridad mental en medio del caos de la ciudad. Además, ese día les había prometido a Surya, Pratap y Bibash —mis profesores de pintura— que iría a visitar la galería que acababan de abrir en Thamel, el barrio turístico de Katmandú.

Era el mismo camino de siempre, con el mismo caos y la misma sensación de encontrarte en un lugar totalmente diferente del que hasta entonces conocías. No obstante, ese sábado nunca llegaría a Thamel ni volvería a ver a mis profesores.

Entré en un cajero para sacar dinero y, mientras esperaba mi turno, el suelo empezó a temblar ferozmente. Solo recuerdo ver la cara desencajada del empleado de seguridad del centro comercial gritando que saliéramos de allí; entonces empecé a correr. Estaba sola, asustada, no sabía qué hacer y todo lo que ocurriría en el transcurso del siguiente minuto no lo olvidaría en mi vida.

Mi primer instinto fue seguir a la gente. Miré a mi alrededor y vi cómo algunas personas se agarraban a una barandilla porque el temblor era tan fuerte que ni siquiera podían permanecer de pie. Yo hice lo mismo. Al ver que la mujer que estaba a mi lado lloraba y gritaba, me di cuenta de la gravedad de la situación y de que eso que estaba sucediendo era un terremoto, el primero de mi vida. Enseguida alcé la vista hacia el cielo para ver qué había encima de mi cabeza, y al identificar un poste de la luz zarandeado por el temblor, me vino la peor sensación que he experimentado en mi vida: no saber si vas a poder volver a ver a las personas a las que quieres. En ese mismo instante, vi cómo la gente cruzaba corriendo la carretera hacia el descampado que había enfrente y, dirigida por el pánico, yo hice lo mismo.

Estaba completamente traumatizada. Pero ya había terminado, me había salvado, aunque la cabeza no me respondía. ¿Qué había pasado? ¿Qué debía hacer a continuación?

Me senté en el césped e intenté relajarme, pero fue imposible. Un pensamiento me aterraba: no sabía si los niños estaban bien; las líneas de teléfono estaban colapsadas. No podía quedarme quieta; estaba muy asustada. Di la vuelta y comencé a caminar hacia el orfanato, cuando un joven me detuvo y me advirtió de que no debía seguir por allí porque era peligroso. Efectivamente, cinco minutos después, una réplica de más de 6 grados hizo temblar de nuevo Katmandú. Por suerte ese chico desconocido me había parado y había hecho que permaneciera en un lugar seguro en vez de seguir deambulando por las calles de la ciudad, lo cual hubiese supuesto un gran riesgo.

Ese nepalí se llama Raushan y fue quien cuidó de mí hasta que pude volver al orfanato. Es increíble el vínculo que se puede crear cuando dos personas desconocidas se encuentran en una situación de supervivencia. Una vez más me sorprendieron la generosidad, la amabilidad y el gran corazón de la gente nepalí.

Finalmente, cinco horas después del primer terremoto de 7,9 grados, parecía que las cosas se habían calmado y regresé caminando sola al orfanato. Nunca olvidaré lo primero que me dijo Lalit, el propietario de la institución, al volverme a ver:

—Felicidades, porque hoy has vuelto a nacer. Afortunadamente, todos los niños y el personal estaban bien.

La primera noche fue extraña. Aún estábamos muy desconcertados, con la adrenalina por las nubes y sin asimilar la gravedad de la situación. Los niños estaban cansados pero parecían tranquilos e incluso disfrutaban del hecho de dormir en otro edificio que no era al que estaban acostumbrados (el orfanato no era seguro porque algunas paredes estaban afectadas). Sin embargo, la calma no duró mucho.

Tuvimos que salir en repetidas ocasiones de aquel nuevo alojamiento como alma que lleva el diablo para poder salvar nuestras vidas. Las réplicas se sucedían y lo peor era que nada estaba bajo nuestro control, puesto que la madre Naturaleza había decidido que esa partida de ajedrez no había hecho más que empezar. Ella era la reina y nosotros sus peones.

El movimiento de tierra de 6,7 grados en la escala de Richter, 24 horas después del gran terremoto, fue un jaque a mi conciencia y a mi equilibrio mental. Ya no podía más. Otra vez el mismo pensamiento aterrador: «no sé si volveré a ver a los míos». Dos meses sin ver a mi familia, sin tocar a mi pareja, y mi corta existencia podía acabar allí.

Nos encontrábamos en un descampado junto al sucio río Bagmati, rodeados de familias nepalíes que buscaban refugio al aire libre, donde nada se les pudiera caer encima en caso de un nuevo temblor. Así se sucedían las horas, esperando que la tierra volviera a temblar. Los niños jugaban y me animaban a hacer lo mismo, pero yo estaba paralizada por el miedo.

Entonces sucedió. Mi corazón se puso en alerta y tomé una de las decisiones más difíciles de mi vida: los niños o mi familia, mi novio y mis amigos.

Recibí un mensaje de David indicándome que me dirigiera urgentemente a un lugar donde estaban congregando a todos los españoles para repatriarlos durante las próximas horas a España con un avión fletado por el Gobierno. Al leer ese mensaje con la poca batería de teléfono que me quedaba —la red eléctrica había dejado de funcionar desde que había finalizado el primer terremoto—, sentí una mezcla de alegría, incertidumbre y tristeza. Eran las 19.00 h, había oscurecido y les había prometido a los niños que esa noche dormiría con ellos. Los desplazamientos no eran seguros, pero si no me iba en aquel momento no sabía cuándo podría volver a España.

Es en ese momento cuando escuchas dentro de ti y das el paso que tu corazón te marca, el mismo que guía tu intuición.

Y me fui. Dejé atrás a los niños sin casi poder despedirme de ellos ni decirles todo aquello que llevaba días pensando que les iba a decir antes de regresar. Me fui prácticamente sin mirar atrás y siendo consciente de que esa decisión me atormentaría el resto de mi vida.

Ya han pasado unos meses de todo aquello, pero aún sigue latente el recuerdo de mis días en Nepal y de todas las personas que me arroparon en mi estancia allí. De vuelta a la realidad, me esfuerzo día a día por valorar las pequeñas cosas que nuestra sociedad nos ofrece y de las que ellos no disfrutan: la ducha de agua caliente por la mañana, las 24 horas de electricidad o el poder comer más de dos platos al día y una amplia variedad de alimentos.

En definitiva, una vez que sientes que quizá el mañana no exista, te vuelves más indiferente hacia otros problemas que antes parecían ser el fin del mundo.

UN DÍA QUE RECORDARÉ TODA LA VIDA
Jordi Roig (33 años)

Senderismo, cultura, yoga, actividades al aire libre... Nepal es un paraíso de posibilidades para el viajero. Sin embargo, dejando de lado los diferentes propósitos de cada uno, creo casi que todos los extranjeros acuden a este país buscando su exotismo, invariablemente tintado con un toque de espiritualidad. Esta idiosincrasia en torno a la religiosidad es consecuencia de la influencia que han ejercido durante siglos las filosofías hinduista y budista, que han calado hondo en la sociedad nepalí hasta el punto de hacerse indistinguibles de ella. Budistas paseando con la tika hindú en la frente, hindús ofreciendo incienso a divinidades del panteón budista; en este país las diferentes religiones coexisten pacíficamente y en armonía. Esta amalgama de credos hace que la cotidianidad nepalí esté impregnada de un sentido místico que es patente en todas partes y a todas horas.

Con la intención de dar un drástico cambio de rumbo a mi vida, yo también había llegado a Nepal en busca de una manera diferente de entender la vida. Después de cargarme la mochila a la espalda y dar entre unos cuantos tumbos, decidí quedarme a vivir en Boudhanath con el propósito de ahondar en el conocimiento de la filosofía tibetana y empezar la carrera de estudios budistas en la Universidad de Katmandú. Por este motivo, en el momento del terremoto llevaba viviendo ya en Nepal aproximadamente cuatro años, lo cual me permite contemplar el funesto acontecimiento con un poco de perspectiva.

A pesar de lo que pueda parecer, el terremoto no fue para nada un acontecimiento inesperado. Nepal es un país situado en la falda del Himalaya, motivo por el cual en términos sísmicos es un territorio muy activo. De hecho, en los cuatro años que llevaba viviendo en Katmandú no había habido ningún año en el que no hubiera sobrevenido como mínimo un terremoto de entre 4 y 5 grados. Las estadísticas pronostican que la tensión acumulada por la fricción entre las capas índica y euroasiática desencadena un gran terremoto en la región aproximadamente cada ochenta años. El último había sido en 1934, así que no podía faltar mucho para que llegara el fatídico seísmo, aquél al que, cuando conversábamos entre amigos, nos referíamos como «el grande».

Era sábado por la mañana y yo, con la agradable compañía de Sun Kil Moon de fondo, estaba trabajando en mi proyecto final de traducción en mi habitación. Aquella semana de abril iba a ser la última en Nepal antes de regresar a mi casa en Barcelona con el propósito de disfrutar de mis vacaciones de verano. Solo una semana más de intenso trabajo y por fin podría descansar durante una buena temporada. Cuando cerraba los ojos se me aparecía una tarde soleada y apacible en la piscina.

Serían las 12.00 h del mediodía cuando, de repente, el suelo empezó a temblar. En seguida me di cuenta de que era un terremoto. Tenía experiencia previa con seísmos, así que sabía lo que tenía que hacer: agacharme, proteger la cabeza y esperar a que el temblor parara. Aunque tengo todo lo que necesito, mi habitación es más bien austera. Solo hay un armario de bambú donde guardo la ropa, un colchón y una mesita para estudiar sentado en el suelo. Al momento evalué la situación y consideré que la opción más segura para protegerme del impacto de los posibles desprendimientos o del derrumbe del edificio era debajo del colchón. Pegué un brinco, levanté el colchón y me puse debajo, agazapado de rodillas, cubriéndome la nuca con las manos. El temblor empezó como todos, más bien ligero, pero aumentó de intensidad progresivamente, y al cabo de pocos segundos su violencia me hizo percatarme de que aquel terremoto no iba a ser como los demás.

El suelo se movía en todas las direcciones con movimientos ondulantes, de izquierda a derecha y de arriba a abajo. La sensación era parecida a estar en una barca en medio de un mar encrespado, con fuertes olas que golpeaban por todas partes. Aunque estaba a cubierto y no podía ver nada, sí podía escuchar el ruido caótico que producían algunos objetos cuando caían al suelo, hecho que incrementaba –si eso era posible– la sensación de terror. El temblor era tan fuerte que tuve la certeza de que el edificio se desplomaría encima de mí. En estos momentos de verdadero pánico, instintivamente a uno se le pasa por la cabeza salir a todo meter del inmueble. Sin embargo, huir no siempre es recomendable, así que no podía hacer otra cosa que esperar agazapado a que el temblor cesara. Nunca antes en toda mi vida me había sentido más sometido a mi destino, sin poder hacer absolutamente nada y totalmente subyugado por la fuerza brutal e ingobernable de la Naturaleza.

El temblor, tras treinta segundos largos como treinta horas, por fin se detuvo. En ese momento sabía que debía abandonar el edificio tan pronto como fuera posible, pero que también cabía la posibilidad de que se derrumbara finalmente y no pudiera regresar, por lo que tenía que llevarme conmigo los objetos más indispensables. En otras palabras, tuve que elegir en un minuto las cosas que quería salvar en caso de perderlo todo, y además, todas tenían que caber en una pequeña mochila. Lo tuve claro: primero, mis libros y objetos espirituales, después mi ordenador portátil, y en tercer lugar mi pasaporte y algo de dinero. Agarré la mochila, salí de la habitación como un cohete y en el pasillo me encontré con Shay, uno de mis compañeros de piso. Él estaba tan afectado como yo. Con la intención de abandonar cuanto antes la casa, cerramos la puerta del piso apresuradamente para evitar el pillaje. Debido a la descarga de adrenalina, la mano me temblaba tanto que me costaba insertar la llave en la cerradura. Bajamos juntos las escaleras mientras sacábamos las primeras conclusiones sobre la devastadora magnitud del terremoto. Una vez fuera nos acercamos a un pequeño solar que hay justo al lado de casa.

La gente había salido de sus hogares y empezaba a concentrarse en los descampados. La mezcla de actitudes de la multitud era chocante. Había algunas personas que, sin ser conscientes todavía de la dimensión de la tragedia, se tomaban lo vivido medio en broma. Otras estaban con los nervios a flor de piel y verdaderamente traumatizadas. Las réplicas del terremoto eran potentes y se daban con una frecuencia de tan solo diez minutos. De repente, el suelo empezaba otra vez a sacudirse y los coches aparcados se zarandeaban de un lado a otro como enormes montículos de gelatina.

Pronto nos dimos cuenta de que aquel lugar rodeado de edificios colindantes que podían derrumbarse no era seguro. Decidimos ir al lujoso hotel Hyatt, punto de reunión elegido por la dirección de nuestra facultad, por ser un edificio preparado para situaciones de emergencia. Para ello teníamos que recorrer las calles secundarias de nuestra casa, entre pasadizos de apenas dos metros de anchura, y a sabiendas de que el desprendimiento de cualquier edificio podía resultar fatal para nosotros. Corrimos como almas que lleva el diablo.

Una vez en el Hyatt los colegas de la universidad iban apareciendo con cuentagotas. Afortunadamente nadie parecía herido y la sensación de estar todos juntos era reconfortante. La escena en los jardines del hotel era de relativa tranquilidad, y excluyendo a un chico que tenía cortes por todo el cuerpo producidos al haber intentado huir del hotel atravesando una puerta de cristal que no había visto, no había heridos graves. Sin embargo, los primeros compañeros procedentes del centro de Katmandú nos fueron relatando la devastación que el terremoto había causado en el centro de la capital. Las fotos que habían hecho con los móviles parecían sacadas de un diario que reportara desde una zona catastrófica, con edificios caídos como castillos de naipes, y auguraban la verdadera dimensión de la tragedia. No obstante, para nosotros el Hyatt era un oasis aislado y seguro. Esta sensación de aparente protección era quebrantada por las continuas réplicas. Solo en el mismo día del terremoto se contabilizaron 38 réplicas con una magnitud superior a 4,0 grados. «¿Lo sientes?» y «sí, se está moviendo» eran dos de las frases más escuchadas. Sin embargo, las casi 40 réplicas, martilleando el suelo una tras otra, hicieron que llegáramos a interiorizar la sensación del terremoto hasta el punto de tener el temblor metido en del cuerpo.

Al cabo de unas horas la tierra seguía rugiendo, y empezó el escalofriante baile de cifras de las víctimas. Las centenas pronto se convirtieron en millares y poco a poco fuimos comprendiendo que la situación no se iba a resolver en un solo un día. Decían los entendidos que después de un terremoto no es seguro regresar a casa hasta que no haya habido un período sin réplicas de veinticuatro horas, y éstas no cesaban de sucederse, por lo que íbamos a tener que dormir en las pistas de tenis del hotel.

Empezamos a montar un campamento improvisado utilizando todo aquello que podía sernos útil para protegernos de la intemperie. Poníamos carteles de tiendas y manteles del hotel a modo de toldos para refugiarnos de la lluvia, y éstos los amarrábamos a su vez a sillas que se encontraban desperdigadas por ahí. Dada la falta de planificación y el ingenio con el que todo estaba dispuesto, el recinto parecía un campamento gitano. También se crearon grupos para gestionar el abastecimiento de comida, agua y medicinas, y puntualmente se hacían reuniones para informar de los efectos del terremoto y proporcionar consejos sobre la manera de afrontar el futuro. Para contrarrestar la desgracia, reinaba la fraternidad.

Cayó la noche y con ella siguieron las réplicas. No encuentro palabras para definir lo angustiosa que puede llegar a ser la sensación de experimentar una réplica tras otra. Te obliga a estar constantemente en estado de alerta, incluso durmiendo. Si dormía y sentía un temblor, automáticamente me alzaba de un salto y me ponía en guardia. Ya no me sacaría el miedo del cuerpo hasta al cabo de unas semanas, ya de regreso en España y mucho más relajado.

Debo decir que, a pesar de la espantosa devastación causada por el terremoto, durante esos días complicados en los jardines del hotel también pude observar algunas cosas bellas. En primer lugar, el encanto de una sociedad autogestionada, impregnada de bondad y altruismo en la cual todos éramos hermanos y actuábamos en beneficio de la comunidad. En segundo lugar, se hizo patente la humanidad del pueblo nepalí, un pueblo que habiendo sufrido una de las mayores desgracias de su Historia, estaba más preocupado por el bienestar de los foráneos que por el suyo propio.

Y así concluye mi relato del día 25 de abril del 2015 en Nepal, un día que recordaré toda la vida.

DE LA INCERTIDUMBRE A LA ACCIÓN
Miguel Pérez (40 años)

Poco imaginábamos mis amigos y yo, reunidos plácidamente en un hotel de cinco estrellas de Katmandú, lo que en unos instantes iba a ocurrir.

Aprovechando unos vales ganados en una competición deportiva, estábamos desayunando en el hotel Hyatt, que está situado a unos quince minutos de nuestra universidad, el Rangjung Yeshe Institute, en el barrio de Boudhanath. Relajados antes de empezar los exámenes finales, hacíamos un repaso divertido del año académico, recordando anécdotas e inventando planes de futuro.

En el gran y lujoso comedor del hotel ya no quedaba casi nadie cuando de repente el suelo empezó a temblar. Un amigo argentino se puso rápidamente debajo de una mesa y me conminó a gritos a que me juntara con él. Yo ya había vivido pequeños terremotos en Nepal y pensé que sería otro más de iguales características, por lo que preferí quedarme apoyado en un pilar. Viendo que empezaban a caer varios objetos y placas de mármol de los pilares, corrí y me lancé a su lado. Los movimientos ondulantes del suelo no cesaban y parecía que todo iba a derrumbarse. «¡Vamos fuera!», le grité, pero mi amigo, más experimentado, me agarró del brazo y me dijo que esperáramos. Aquellos segundos de espera tensa y forzada iban pasando muy lentamente, hasta que al fin la tierra dejó de moverse. Salimos y nos reunimos con los demás en los jardines del hotel, donde pudimos comprobar que todos estábamos bien. Pronto llegaron otras personas, también perplejas y asustadas ante lo que había ocurrido. La sensación era común: lo que había sido sólido y seguro durante tanto tiempo, en pocos segundos se había vuelto inestable e imprevisible.

Durante dos días estuvimos en las pistas de tenis del hotel, que se convirtió en una zona de emergencia. Allí nos trataron muy bien y nos ofrecieron agua y comida regularmente. Después de pasar dos noches allí llegaron de la embajada para recogernos. Con gran amabilidad y profesionalidad, trasladaron a los españoles y a sus acompañantes al aeropuerto. En mi caso, decidí quedarme pues tenía vuelo de regreso una semana más tarde. No sé explicar por qué, pero sentía que el mayor peligro había pasado y que quizá podía hacer algo útil allí.

Después de despedirme de mis amigos españoles volví al monasterio donde está la universidad. Aunque había aún cierta confusión y todavía se sentían pequeñas réplicas del terremoto, los monjes se habían organizado muy bien. No solo ayudaban a los monjes más jóvenes, sino que también se encargaban de cocinar, limpiar, organizar los campamentos para la gente que no podía dormir en sus casas y muchas otras tareas. Para mí fue muy impresionante e inspirador ver como antes cuidaban de los demás antes que de sí mismos.

Siguiendo instrucciones de Phakchok Rinpoché, el responsable del monasterio durante esos primeros días después del terremoto, empezó la recogida de medicinas, comida y otros materiales para las zonas más necesitadas. En poco tiempo se fue improvisando una oficina con mesas, teléfonos y mapas donde se recibía a personas y llamadas en busca de ayuda. De allí iban saliendo regularmente todoterrenos y furgonetas hacia los pueblos y aldeas de montaña. En esos momentos sentí que podría ser más útil en uno de esos todoterrenos, aunque fuera solo para transportar comida. Quise ir con uno de ellos, pero varias personas cualificadas me convencieron de quedarme, puesto que yo no tenía ninguna experiencia en operaciones de rescate ni de primeros auxilios y, además, la situación sísmica era aún bastante incierta. Me resigné a permanecer en el barrio de Boudhanath ayudando en lo que hiciera falta. Pero entonces las cosas cambiaron de nuevo.

Un amigo monje nepalí apareció pidiendo vehementemente personas para acompañarlo a las montañas, puesto que conocía varios sitios que todavía no habían recibido ninguna ayuda. Él mismo había organizado el viaje, consiguiendo patrocinadores y transporte, y solo necesitaba voluntarios. Gracias a su entusiasmo y coraje recobré la confianza, y haciendo caso omiso a las voces que me recomendaban quedarme nos fuimos tras conseguir la preciosa ayuda y autorización de Pakchok Rinpoché y de la Chokgyur Lingpa Foundation. A partir de ahí nos aventuramos hacia el pueblo de Melamchi, siguiendo los pasos de otros estudiantes y monjes que ya estaban ayudando allí.

Tras salir de Katmandú fuimos constatando lo que hasta entonces nos habían solo contado: los terribles efectos causados por el terremoto. Por cada poblado por el que pasábamos, íbamos descubriendo edificios y casas muy dañadas o totalmente derrumbadas en muchos casos. Los comercios estaban cerrados y aún había gente caminando desorientada entre las ruinas. En lugar de escombros, intenté imaginarme cómo vivirían aquellas personas antes de la catástrofe. Nosotros tuvimos suerte, pero no así miles de familias.

Cuando llegamos a Melamchi nos recibieron un médico y una enfermera de la asociación, los cuales nos informaron de la situación y de la mejor manera de actuar en caso de primeros auxilios. Cansados por el viaje, dormimos en un barracón medio destruido por el terremoto. A la mañana siguiente hubo reunión en una base militar nepalí cercana, donde se había improvisado un pequeño hospital que recibía a las personas heridas de gravedad, llevadas allí sobre todo en helicóptero. Después de esa reunión, en la que también participaron asociaciones de médicos polacos e israelíes, se decidió ir a aldeas donde todavía no habían llevado medicinas ni comida.

Esperando la salida hacia las montañas tuvimos un poco de tiempo para contemplar la belleza de Melamchi, un pueblo situado al lado de un río en medio de un valle bucólico. Todavía me costaba creer que en un lugar tan paradisíaco como ése hubiera tanto sufrimiento.

Un camión de la Armada salió a las 8.00 h de la mañana, cargado con soldados nepalíes, médicos y los cuatro voluntarios sin experiencia previa. Al cabo de dos horas el camión paró y nos apeamos al lado de un puente. Allí nos separamos en dos grupos. Los médicos fueron hacia un lado del puente y hacia el otro fuimos los cuatros voluntarios: el monje nepalí, un estudiante de Bután, otro de Ucrania y yo. En ese momento, al ver que no teníamos ningún médico en nuestro equipo, supuse que nuestra tarea se limitaría a llevar comida y medicinas.

Guiados por los militares, que llevaban la mayor parte del equipaje, anduvimos cuesta arriba más de dos horas hasta la primera aldea. No sé si fue debido a la amabilidad y simpatía de los soldados –con quienes nos reímos de ocurrencias y situaciones– o quizá porque sentíamos profundamente la utilidad de esa misión en nuestros corazones, pero el trayecto no se hizo demasiado largo.

Llegados al primer poblado, compuesto por varias casas diseminadas en una preciosa colina verde, los soldados extendieron un largo plástico azul en el suelo y allí encima vaciaron la mochila de las medicinas. Los cuatro estudiantes nos miramos sorprendidos, esperando quizá que surgiera alguien experimentado y tomase las riendas de la misión. Pero pronto comprendimos que ésa era nuestra responsabilidad. Nos sentamos en el plástico y empezamos a ordenar las medicinas y el material médico.

Pronto fueron llegando personas de la aldea que aguardaron su turno con paciencia y calma. Fuimos atendiéndolas de la mejor manera que supimos. Gracias a la traducción de los soldados y de nuestro amigo monje pudimos entendernos con ellas. Siguiendo las instrucciones recibidas el día anterior, usamos muchos guantes, limpiamos las heridas y pusimos vendas donde era necesario. En general las heridas eran bastante superficiales, de modo que después de curarlas, recomendábamos a los aldeanos que las limpiaran varias veces al día y tuvieran cuidado para que no se infectasen. Pese a tener heridas en los pies, muchos de ellos no llevaban calzado, así que tuvimos que insistir en que tomaran precauciones.

Entre las treinta o cuarenta personas que atendimos muy pocas necesitaron de atención especial. Una de ellas era un niño de unos ocho años que tenía unos cortes profundos en la frente, la nariz y la barbilla que estaban cicatrizando de forma natural. Me sorprendió su expresión neutra, pues no se quejaba mientras le curábamos ni sonreía cuando intentábamos comunicarnos con él. Hablamos con su padre, repitiéndole una y otra vez que debía llevar a su hijo al hospital de la base militar, que allí le curarían mejor. El padre asentía con la cabeza pero no parecía convencido pese a la insistencia de los soldados. Intentamos comprender por qué aquel hombre no había llevado ya a su hijo a que lo curaran a algún sitio. Sin conocer su contexto particular y viendo en qué condiciones vivían, no me sentí en posición de juzgarle.

Tras acabar nuestra tarea, recogimos el material, nos limpiamos y dejamos comida y medicinas al responsable de la aldea para que las repartiese. Aún sorprendidos por lo que había pasado y pese a nuestra inexperiencia, nos miramos contentos por haber atendido a tantas personas. Durante todo el tiempo que estuvimos allí, aquel niño con los cortes en la cara estuvo observándonos con atención.

Nos pusimos rápidamente en marcha hacia la siguiente aldea. Caminando entre pequeñas montañas, íbamos contemplando la vegetación abundante y los campos de cultivo que se iban sucediendo a ambos lados del camino. Mientras andábamos, los soldados compartían su comida con nosotros, como si fuéramos otros compañeros más. Una parada corta al lado de un riachuelo nos sirvió para descansar y poder apreciar la belleza inmensa de aquellos parajes, que aparecían tranquilos y acogedores pese a todo lo que había sucedido. En esos momentos, viendo por primera vez a las personas que había detrás de esos uniformes, mis prejuicios sobre los militares se desvanecieron completamente.

Pronto llegamos al siguiente destino. De nuevo los soldados prepararon el material y avisaron a la gente para que fuera. Esta vez nos sentíamos más preparados, con confianza, y los aldeanos fueron llegando. La primera fue una madre con su hijito de unos dos años, que llevaba un pañuelo enrollado en la pierna. Se lo desenrollé con cuidado esperando encontrar una herida abierta, pero al descubrirla no había ningún corte, sino un morado por contusión. El niño no se quejaba; se limitaba a mirar bien atento. Al examinarla mejor, vi que la pierna colgaba: la tibia y el peroné estaban rotos. En ese momento se me encogió el estómago, empujado por la emoción de echarme a un lado a llorar. Respiré hondo, parado allí durante un minuto o más, hasta que algo se puso en marcha automáticamente y empecé a buscar entre el material médico. Encontré un vendaje especial e intenté que la pierna estuviera lo más recta posible alineando los huesos tal como el doctor de la asociación nos había explicado. Mientras le iba poniendo el vendaje, le indiqué a un soldado que cortara unas cañas de bambú para entablillarle la pierna. Tras acabar, le insistimos a la madre para que llevase a su hijo al hospital esa misma tarde o al día siguiente. Le advertimos que, de no hacerlo, su hijo caminaría con dificultad toda su vida o incluso podría perder la pierna. Durante todo el proceso, el niño no soltó ni una sola lágrima.

Seguimos hasta que ya no quedó más gente que atender. Dimos comida y medicinas, recogimos todo y nos volvimos por donde habíamos ido. Tuve tiempo de echar una mirada atrás y vi que varias personas a las que habíamos tratado se habían sentado juntas y estaban conversando y riendo.

El descenso fue rápido. Llegamos al puente de donde habíamos partido, subimos al camión y regresamos al campamento base. Tras charlar con alegría, nos metimos en nuestros sacos de dormir para esperar el sueño. Pese al cansancio y a todo lo que experimentamos, aquel fue sin duda uno de los días más felices de mi vida.

Un día después volvimos a Katmandú para recoger más material. Allí hicimos balance con Pakchok Rinpoché. Le explicamos lo que nos habíamos encontrado y qué necesidades habíamos detectado. Al poco tiempo disponíamos de todo lo necesario y pudimos volver esa misma noche a Melamchi. Esta vez volvimos con dos nuevas personas: un especialista en medicina y rescate y un experto en montañismo que iba a reconocer el terreno para asentar una nueva base desde donde se harían expediciones a zonas más remotas.

Pese a haber viajado varias horas el día anterior, por la mañana salimos con energías renovadas hacia un nuevo pueblo. También con la ayuda de los soldados, pusimos varios plásticos y preparamos un lugar al lado del pequeño hospital del lugar, que había quedado inutilizable después del terremoto, y volvimos a atender a las personas necesitadas. Esta vez contábamos con dos profesionales, por lo que pude despreocuparme y realizar tareas auxiliares. Una de ellas fue observar a las personas heridas y decidir cuáles debían ser llevadas al hospital de la base militar. Entre ellas había una niña de unos cinco años con una herida infectada en la frente. Intenté comunicarme con ella, pero solo respondió con una mirada medio perdida. La mujer que la acompañaba accedió a que lleváramos a la pequeña al hospital, así que la montamos en el todoterreno con otros heridos y se fueron a la base militar. Cuando acabamos, varias personas vinieron a pedirnos los plásticos, seguramente para hacer con ellos su nueva casa y protegerse de la lluvia. Por suerte, también llevábamos varias tiendas de campaña muy sencillas que los soldados distribuyeron entre la gente más necesitada.

Acabada la tarea, nos sentamos alrededor de un gran árbol para esperar el retorno del todoterreno. Allí, en medio de aquel precioso lugar, volvimos a respirar con calma.

Pregunté a la enfermera de la asociación sobre la niña con la mirada perdida, puesto que ella había hablado con la mujer que acompañaba a la pequeña. En realidad aquella mujer no era la madre, porque la niña había perdido a toda su familia en el terremoto.

–Entonces, ¿quién se va a ocupar de la niña? –pregunté alarmado. No recuerdo claramente la respuesta, pero entendí que en el pueblo se ocuparían de ella, pues los nepalíes cuidan en general con respeto y amor tanto a su familia como a su comunidad.

Durante la espera tuvimos tiempo de jugar y reír con los niños del pueblo que se habían acercado a nosotros con curiosidad. Verlos divertirse así, inocentes y despreocupados en medio de tantas casas que se habían vuelto una ruina, en medio de tantas personas que habían perdido definitivamente a familiares y amigos, alivió por unos momentos el peso que sentíamos en el corazón.

Como el todoterreno tardaba y empezaba a ser tarde, decidimos volver a pie con un grupo de soldados hasta la base militar que estaba a unas dos horas andando. En el camino de descenso nos cruzamos con el todoterreno que subía a los pacientes. Volvían con vendajes, cabestrillos y grandes sonrisas. No conseguí ver a la niña de la mirada perdida.

Tras volver a la base y cenar con los soldados, que amablemente nos habían invitado, charlamos y nos fuimos a dormir. Algunos preferimos dormir fuera. No llovía ni hacía mucho frío y además el cielo maravilloso mostraba innumerables estrellas.

Al día siguiente volvimos a Katmandú. Nos reunimos para comentar cómo nos había ido e informamos a los médicos que acababan de llegar de Singapur para ayudar. Cenamos juntos en uno de los pocos restaurantes abiertos y nos despedimos. Mi avión salía dos días después.

Ya en el avión de vuelta a Barcelona, fui repasando todas es-

tas experiencias conteniendo las ganas de llorar; no sé si por vergüenza o porque no tenía ganas de que nadie me preguntara. Aunque mi participación en las tareas de rescate había sido minúscula, me sentía feliz por haber contribuido a todo ese movimiento que se había puesto en acción para ayudar después de la incertidumbre surgida tras el terremoto.

A veces me pregunto si mis acciones fueron útiles o no, pero entonces recuerdo unas palabras de otro de mis maestros, Khamtrul Rinpoché, quien, en otro contexto y unos meses antes, intervino en una conversación con otros voluntarios. Mientras dialogábamos acerca de la mejor manera de actuar, si a través de la planificación, si de la eficacia, si de la comunicación, etc., él se acercó para decirnos que lo principal era la motivación, y que gracias a ella el evento donde participáramos sucedería adecuadamente. Al recordar ahora estas palabras siento que pese a no haber hecho las cosas perfectamente o incluso correctamente según los cánones, me regocijo por la labor de todos los voluntarios y profesionales con los que me crucé. Recuerdo también a los nepalíes, que sonreían pese a todo, que empezaban ya a reconstruir sus casas, que se sostenían los unos a los otros, que participaban en las ayudas de rescate y nos acogían con gran amabilidad pese a haber perdido a sus familiares y sus pertenencias. Al recordar esto siento que, por pequeña que sea, cualquier acción con una buena motivación puede inspirar y contribuir a mejorar una situación aunque ésta sea tremendamente complicada.

En Nepal han confluido y confluyen tantas personas de diversos orígenes, profesiones, situaciones personales... Todos participaron con su esfuerzo sin juzgar a quien tenían delante. Esto me hizo saltar las barreras, me hizo sentir que todos estamos en un mismo barco y que, en realidad, al ayudar a otra persona o a otro ser, en el fondo nos estamos ayudando a nosotros mismos. Espero poder recordar siempre y poner en práctica esta enseñanza.

¿HAS NOTADO ESE TEMBLOR?
Alba del Bas Ramírez (28 años)

–¿Has notado ese temblor? –le dije a mi marido, Kulung, mientras él cenaba y yo le daba el pecho a mi hija, Yeshi. Las dos estábamos tumbadas en el suelo.

–No, no he notado nada –respondió él–. «Habrá sido una alucinación mía», pensé, dos días antes del gran terremoto. Los que viajamos o vivimos en India o Nepal estamos más o menos acostumbrados a los seísmos. Aún recuerdo el primero que sufrí allí.

Había llegado a Katmandú casi por casualidad, sin saber nada del país. Compartía apartamento con dos estadounidenses y solíamos juntarnos con más amigos los domingos por la tarde en la azotea. Fui la primera en darse cuenta de que algo pasaba: la carpa que nos cubría del sol parecía ondear de una manera peculiar, así que desconecté de la conversación y fijé mis sentidos en ella. A los pocos segundos todos callaron y nos miramos a los ojos bien quietos, como si estuviéramos escuchando los pasos de un tiranosaurio. Todo empezó a moverse de una manera suave pero terrorífica, como si nos encontráramos en la cima de un flan. No entendíamos qué estaba pasando. La gente gritaba en la calle y nosotros no sabíamos qué hacer. Cuando nos decidimos a bajar, ya había parado. La cosa había durado unos 10 segundos. Después de eso nos fuimos a un bar a tomarnos unas cervezas entre risas y nervios. Todo el mundo estaba en la calle. Era el año 2011. Entonces nos contaron que estaban esperando un gran terremoto, el terremoto de los 100 años.

–¿Tú crees que es verdad que están esperando un gran

terremoto? —le pregunté un día a una amiga española que pasaba temporadas en la capital de Nepal.

—Quién sabe —me dijo.

—¿No te importa? ¿No tienes miedo?

—Pues no sé, no. Algún día vamos a morir. Si es aquí, pues aquí será que debo morir.

«Pues sí», pensé yo.

Conocí a mi marido en la escuela de arte de un monasterio estudiando thangka. Eso había sido 3 años atrás y vivimos todo ese tiempo en Boudha, en Katmandú. Soy tatuadora y a principios de abril habíamos abierto un estudio de tatuaje enfrente de la estupa de Boudhanath con un socio nepalí. Ya podía tachar de la lista otro de mis sueños.

El 25 de abril era un día muy esperado para mí. Hacía dos años que no había podido ir a la convención de tatuajes que se celebra cada año en Katmandú. Es un evento muy emocionante, porque parece mentira que en un país en desarrollo como Nepal tatuadores de renombre cojan un avión y se planten ahí, casi por amor al arte, al menos durante tres días. Tendría la oportunidad de conocerlos e invitarlos a nuestro estudio.

«Esta vez sí», pensé, «¡por fin!» Así que el sábado por la mañana nos preparamos Kulung, Yeshi y yo para coger un taxi y plantarnos en el hotel de lujo donde cada año se celebra el evento. Llegamos alrededor del mediodía. Iba a ser el día de máximo aforo y nos encontrábamos en un primer piso.

En cuanto entramos, me llamó mucho la atención un tatuador japonés. Mientras charlaba con él y le invitaba a visitar nuestro estudio, el suelo tembló. No había pasado ni media hora. ¿Sabes cuando estás en la calle y notas pasar el metro por debajo? Pues eso. Kulung estaba detrás de mí con Yeshi en brazos y me giré a preguntarle si lo había notado. Me miró sorprendido, sin saber de qué hablaba. Los japoneses tampoco habían notado nada. Yo estaba segura de que el suelo había temblado. Les dije que al ser madre quizá me hubiera vuelto más sensible y notaba más esas cosas, como si hubiera adquirido unos nuevos superpoderes, y nos reímos.

Anduvimos un poco y nos encontramos con una amiga a la que hacía mucho que no veía. Habrían pasado unos veinte minutos desde el pequeño temblor que había notado...

Todo empezó a moverse violentamente. «¡Terremoto!», gritamos algunos. Y a pesar de los gritos de la gente, el ruido de cristales y demás, para mí se creó el silencio. Una paz dentro del caos. Vi una chica salir corriendo en estado de pánico total. Mucha gente estaba haciendo lo mismo. Algunos decidieron saltar por la ventana.

En un momento así tienes dos opciones: o buscas refugio dentro del edificio o sales a la calle. ¿Y si te quedas y se desploma el inmueble? ¿Y si sales corriendo y te cae algo encima? ¿Y si una avalancha humana aterrorizada te pisotea?

Mi marido y yo nos miramos unos segundos a los ojos. Él seguía con nuestra hija en brazos y nos agarramos para tratar de llegar al marco de una puerta enorme que había a 10 metros. Mientras intentábamos avanzar con todo el zarandeo y los empujones de la gente, tuve la impresión de que no íbamos a alcanzarla antes de que se desplomara todo, que era cuestión de segundos y que así era como íbamos a morir. «¡Nuestra hija no, por favor!», pensé.

Pero conseguimos llegar al marco de la puerta y ahí sentí que estábamos un poco más a salvo. Sin embargo, me preocupaba mucho la avalancha de gente. Alguien me empujó y me caí. Desde el suelo grité que no corrieran, que teníamos un bebé. Kulung me ayudó a levantarme pero nos seguían empujando. Un chico nos ayudó a proteger al bebé, haciendo de sí mismo una coraza, y preguntándonos si estaba bien. No había pánico en sus ojos.

Miré a mi alrededor. La sala estaba desierta, todo estaba por el suelo. Cuatro lámparas de araña gigantescas que colgaban del techo estaban siendo zarandeadas bruscamente por el temblor. Le señalé las lámparas a Kulung y le dije que íbamos a salir. Que protegiera a la niña. El edificio aún se movía pero no tanto como al principio. Parecía una película. Parecía el Titanic.

Conseguimos salir. El día estaba nublado. La gente reía y lloraba. Para muchos era su primer terremoto y aun no se lo creían. La adrenalina les corría por las venas. Encendían cigarrillos, hablaban a gritos y se miraban con los ojos como platos. Otros buscaban a sus amigos, y todo el mundo miraba a todo el mundo. Como empatizando. Como buscando respuestas.

Para mí era diferente. Sonreía. Tenía en brazos a mi hija y ella me transmitía paz, o quizá yo se la transmitía a ella.

Mucha gente había salido corriendo sin camiseta, con sus tatuajes a medias. «No os los acabéis, es un recuerdo», pensé.

Empezaron las réplicas. Un hombre se desmayó. Se agrietó el pavimento. Alguna gente quería correr pero no sabía adónde. Me había vuelto una gritona:

—¡No corráis! ¡Aquí estamos a salvo!

Los pájaros volaban de un lado a otro. Los cuervos graznaban más fuerte que nunca. Cuando uno deja de confiar en lo que tiene bajo los pies, empieza a envidiar a los pájaros.

Un amigo me dijo que había muertos en la carretera, que había caído tal y cual monumento. Le envié un mensaje a mi padre para decirle que había habido un terremoto importante, que no sabía si saldría en las noticias, pero que estábamos bien.

Estábamos preocupados. ¿Habría muerto mucha gente? ¿Ya habría acabado? Decidimos ir a nuestro barrio andando. Tardamos unas dos horas, y por el camino vimos cristales rotos, muros caídos, algunas casas medio en ruinas, muchas grietas en el suelo y en las casas y mucha gente en la calle. Ya no estábamos en el Titanic, estábamos en *The walking dead*.

Todo el mundo estaba inquieto. Nos empezamos a hacer a la idea de que había muerto mucha gente y que iba a haber más réplicas o, peor aún, otros terremotos más fuertes.

Nuestra casa también tenía algunas grietas y lo poco que

tenemos estaba tirado por el piso. Tiestos y platos rotos, libros y ropa en el suelo, los muebles desplazados de su sitio. Nuestra perra, Momo, se había quedado encerrada en la terraza. Kulung subió a buscarla y nos fuimos a un monasterio cerca de casa.

Los jardines del monasterio estaban llenos de gente sentada en el suelo: familias enteras, monjes recitando mantras y algún que otro occidental. Los monjes más jóvenes repartían té negro con leche y mantequilla para todo el mundo. Me llamó la atención el buen humor de la gente.

Encontramos a algunos amigos y nos sentamos con ellos. Estábamos cansados y las predicciones no eran buenas, pues se esperaban réplicas fuertes y lluvia, así que había que tomar decisiones antes de que se hiciera de noche.

Teníamos nuestros pasaportes, mantas y zumo. Ya era de noche. Habíamos encontrado un lugar para dormir debajo de un árbol con seis amigos más. Pusimos una botella de agua en el centro. Era nuestro detector de terremotos. ¿Habéis visto Parque Jurásico? Necesitábamos del detector porque las réplicas no habían dejado de sucederse, y había tanta tensión que la paranoia nos podía, el cuerpo nos temblaba y la mente nos confundía. No pegué ojo.

Al día siguiente conseguimos un periódico local. Era la primera vez que veíamos imágenes del desastre. Hablaban de 1.500 muertos. Me pregunté cuánta gente habría quedado enterrada viva y pensé en todo el sufrimiento que se estaba viviendo en aquel momento en aquel país. Me pareció demasiado cruel pero estaba pasando, no era una pesadilla.

Había llegado el doble de gente al monasterio. Entraban con mantas y los más afortunados con tiendas de campaña. Empezábamos a estar apretados y los monjes cavaban fosas a modo de letrinas. Y lo peor era que habían empezado a correr rumores de que la BBC había dicho que en las siguientes 48 horas se esperaba un terremoto de magnitud 9,2 grados. Me imaginé la tierra abriéndose y tragándosenos a todos. Pensé que a lo mejor era el final, y que si así era, me iba tranquila por haber tenido el valor de haber hecho siempre lo que había querido, pero con gran pena por la corta vida de Yeshi. Deseé mentalmente que todo fuera rápido.

Vi a una pareja de occidentales con niños que salían del monasterio y les oí decir que iban al Hyatt, un hotel de lujo situado a 500 metros de donde estábamos.

Por si fuera poco, llegaron noticias de que una tormenta procedente de la India iba a descargar de madrugada, y estaban colgando una lona gigante de plástico en los jardines del monasterio para protegernos. Pero a mí eso me parecía una trampa mortal. Si por lo que fuera la lona se descolgaba –y había muchas razones para que eso pasara–, con la de gente que se estaba acumulando y después de ver de lo que son capaces las multitudes en pánico, no quería ser yo la que estuviera debajo con un bebé en brazos. Eso lo tenía clarísimo. Quería salir de ahí. Quería ir al Hyatt.

Nos acompañaron cuatro amigos a modo de protección. Cargamos las mantas en el cochecito del bebé y até la perra a una de las ruedas. Yo llevaba a Yeshi en brazos y Kulung cargaba con algunas provisiones. Eran las 17.00 h y las calles estaban desiertas y todas las persianas bajadas. No estaban ni los perros callejeros. Habían caído muchos muros y se veían los patios de las casas. He andado por esas calles un millón de veces y nunca me las hubiera imaginado así. Anduvimos en silencio. Parecía que estuviéramos en un país en guerra y nos halláramos incumpliendo el toque de queda.

Entramos a los jardines del hotel, no por la puerta principal, sino por encima de uno de los muros que se habían caído. Quedaba un poco escondido, pero no nos podíamos creer lo que teníamos ante nosotros. Un oasis. Un enorme espacio verde y limpio. Había niños saltando en una cama elástica. Alguna gente estaba tumbada en unas hamacas bajo sombrillas gigantes. Vi botellas de cerveza vacías. «¿Qué es esta gilipollez?», pensé. «¿De dónde venimos?» Parecía que allí no hubiera pasado nada.

–Quedaos aquí con nosotros –les dije a mis amigos–. Id a buscar a los demás. Pero ellos lo tenían muy claro: querían volver al monasterio a seguir ayudando y a estar con la gente. También entendían que nosotros teníamos a Yeshi y que nuestra situación era diferente. Nos despedimos. Nos sentimos extraños, casi culpables.

Encontré a algunos amigos españoles junto a otros occidentales. Habían improvisado un campamento en las pistas de tenis. Nos tranquilizaba saber que seguramente estábamos en el lugar más seguro del barrio. Aun así, la ilusión de seguridad empezó a desaparecer con la luz del sol.

El hotel ofrecía cena para todo aquel que quisiera ir a buscarla al comedor así como resguardo en la zona de la recepción para pasar la noche. Yo no tenía el cuerpo para meterme en ningún otro hotel y Kulung tampoco. Y aunque teníamos hambre, preferimos comer fideos crudos. Al final un amigo nos trajo un poco de comida del hotel. Se la comió casi toda Kulung. Yo tenía un nudo en el estómago.

Ahí también se hablaba de las noticias de la BBC. Le pregunté a un amigo si creía que era posible que se abriera la tierra. Sonrió y me dijo que eso no iba a pasar, que no era posible. De todas formas, Kulung y yo estudiamos nuestro alrededor y nos pusimos de acuerdo en qué hacer en caso de que se produjera un terremoto fuerte. Después supe que sí que es posible que se abra la tierra, pero agradezco a ese amigo que me dijera que no y toda la paz que me trasmitió.

Había llegado la noche y la tormenta también. Nos acoplamos al grupo de castellanoparlantes y en total éramos doce personas que se refugiaban debajo de una lona de plástico que goteaba por todas partes. Yo tenía los pies y el jersey empapados, pero habíamos conseguido que Yeshi durmiera calentita. Cuando dejó de llover, Kulung también se durmió.

Yo tenía tanto frio que me pasé casi toda la noche dando vueltas por las pistas de tenis para entrar en calor. Estaba temblando. Estaba en alerta.

Al día siguiente nos llegó la noticia de que la embajada española en la India se estaba organizando para sacarnos de ahí en un avión hacia Delhi aquel mismo día. Me parecía increíble que fuéramos a ser evacuados antes que los estadounidenses, los británicos, los franceses, y en general que cualquier otro país occidental. Pero por las razones que sean, así fue.

Volveremos pronto. Esto es solo un «hasta luego».

Yeshi no se ha enterado de nada, pero algún día se lo contaremos todo.

MÚSICA PARA DEVOLVER LAS SONRISAS
Albertina Barceló (32 años)

El 25 de abril era un día importante para mí. Era el *performance day* de la escuela de música donde trabajo, el *Katmandu Jazz Conservatory*. Llevaba un año viviendo en Katmandú adonde había ido a trabajar para acercar la música y la educación musical a la cultura nepalí. Habíamos estado trabajando mucho para que todo estuviera preparado y poder ofrecer a los padres, alumnos e invitados un gran espectáculo que mostrara lo que habíamos estado haciendo durante el último cuatrimestre. Íbamos acicalados con nuestras mejores galas y desde temprano estábamos revisándolo todo. Empecé a ponerme un poco nerviosa. Tenía que presentar el acto en inglés y también tenía que hacerme cargo de los dos grupos de mis alumnos que participaban. La prueba de sonido empezó sobre las 10.00 h. La mayoría de nuestros alumnos estaban allí a la hora prevista. Muchos de ellos iban a actuar en un escenario por primera vez. Llegó el turno de la prueba de sonido de uno de mis coros, el *KJC Choir*, formado por alumnos y alumnas de diferentes disciplinas de mi escuela que se reúnen una vez a la semana para crear armonías y cantar juntos. Habíamos trabajado mucho y estábamos preparados. Los coloqué en posición en el escenario, ajusté los micros, repartí las partituras. Cantamos un poco de un tema, un poco de otro...

–¡Albertina!, ¿el otro coro va a probar también? –me preguntó alguien. –Tenemos un poco de prisa, ¡la audición empieza a las 12.00 h!

–Sí, sí, voy a por el otro, que está fuera –contesté.

–Vosotros podéis bajar –les dije a los que estaban sobre el escenario, una mezcla variada y maravillosa de adolescentes nepalíes, algún que otro miembro de más edad, y una niña de seis años a la que todos adorábamos.

–¡No os perdáis por ahí, que empezamos en diez minutos! –les advertí.

Con mis tacones y mis labios pintados de rojo, corriendo como podía, fui a la puerta del auditorio, un edificio de una sola planta que hay enfrente de mi escuela y que forma parte de un restaurante. Fuera del auditorio hay un jardín con mesas donde esperaban algunos padres y el resto de nuestros alumnos y profesores.

Nada más salir, llamé a mis niñas desde la puerta. Son las más bonitas del mundo, las que forman el coro KJC-NAG. Este grupo de niñas, de edades de entre 6 y 16 años, es uno de los proyectos que más me gustan de mi trabajo en Nepal. Tienen una gran sensibilidad musical y nos entendemos muy bien trabajando juntas. Viven todas en una casa que es medio orfanato y muchas de ellas tienen duras historias detrás. Son unas chicas muy especiales, sensibles y felices. También tenemos un pequeño de seis años, Archun, al que todas queremos y cuidamos.

Las llamé con prisa desde la puerta porque íbamos mal de tiempo. Alcé la mano para indicarles que vinieran, que nos tocaba la prueba de sonido, y ahí empezó todo. Faltaba poco para las 12.00 h. Toda la gente que estaba sentada se levantó de un salto y empezó a correr hacia mí. Por un momento pensé: «No, se han confundido. Solo las niñas del coro», pero entonces empecé a ver sus expresiones de pánico y desconcierto. Yo ni siquiera lo había sentido aún. El suelo empezó a moverse mucho. Parecía que fuera blando. Pensándolo ahora, me pareció casi de chicle, aunque seguramente mi mente exagera el recuerdo. Archun y otras dos niñas ya estaban pegados a mí, tirándome de los brazos y abrazándome. Casi parecía que quisieran meterse dentro de mí para protegerse. Yo intenté calmarlos. Les dije:

—No pasa nada, todo va a ir bien, tranquilos, respirad, respirad —mientras les acariciaba las cabecitas y miraba a mi alrededor, girando sobre mí misma y pensando en cien cosas a la vez: «No tengo ningún edificio cerca, aquí estamos seguros, no te muevas, aquí estás bien». Miraba a mis niños, que estaban muy asustados y me miraban con cara de pánico, y yo solo intentaba calmarlos cuando en realidad estaba tan o más asustada que ellos. Cruzaba miradas con otros adultos; nadie sabía lo que pasaba, cuándo iba a terminar ni si aquello seguiría creciendo en intensidad. Algunas personas gritaban, otras lloraban, las que intentaban caminar se caían. Miraba el gran edificio de enfrente, que se tambaleaba hacia los lados, y calculaba que no se iba a caer sobre nosotros, que se caería hacia la derecha. Mi escuela estaba en un tercer piso. Había gente dentro: mis amigos y compañeros. ¿Cuánto estaba durando? ¿Media hora? ¿Una hora? Casi parecía que me acostumbraba a la sensación física. Después de un mes aún seguí asustándome al sentir el metro o un camión cercano...

Cuando todo se calmó nos quedamos allí. Los padres se llevaron a sus hijos y algunos amigos se fueron a buscar a sus familias. La mayoría nos quedamos simplemente sentados en el centro del jardín, aún pálidos, juntos, unidos por la experiencia. Llegó la gente que estaba en la escuela. Los teléfonos no funcionaban y mis amigos y compañeros nepalíes estaban muy preocupados porque no podían comunicarse con sus familias. Yo no tenía a nadie a quien llamar, excepto a una invitada alemana en mi casa de la cual no sabía nada.

Se había caído un muro y se habían abierto algunas grietas en el suelo, pero no vi nada que no fuera demasiado escandaloso. Jamás podría haberme imaginado, ni siquiera escuchando las sirenas y pitidos que llegaban desde la calle, la magnitud de lo que acababa de pasar, pero sí imaginaba cosas terribles, pensaba en toda esa gente de los pueblos, de los barrios más pobres, con sus casas y edificios antiguos. Menos mal que era sábado y no había colegio.

Sintiendo las réplicas cada pocos minutos, nos quedamos sentados allí seis horas. Tampoco nos atrevíamos a movernos. Un grupo de músicos franceses, los Fanfare Brasspackers, estaba con nosotros, pues iban a protagonizar la apertura del acto. Había muchos músicos en ese jardín y estábamos con las niñas de mi coro. Sin saber cómo, empezamos a cantar, y de alguna manera eso nos hizo sentir mejor. Cantamos y los franceses nos enseñaron una canción nueva, y nosotros a ellos, y cantamos y cantamos, y el tiempo fue pasando.

Cuando empezó a hacer frío, la gente de la escuela de yoga de al lado de nuestro conservatorio se aventuró a entrar al edificio y sacó mantas y algo de comer. Así subsistimos hasta que decidimos dispersarnos.

Acompañada de una compañera pianista de España con la que vivía y trabajaba, Nagore Etxaburu, y de nuestro amigo Inap, nos fuimos a nuestra casa. Entramos y salimos de ella lo más rápido que pudimos y nos fuimos al descampado de enfrente, un sitio relativamente seguro, donde pasamos los siguientes tres días.

Recuerdo aquel primer momento de entrar a casa y ver los armarios y mis cosas por el suelo, la grieta que surcaba la pared de lado a lado. Desde la cocina se veía el salón. Mi ropa tirada, los platos de la cocina por el suelo. Todo estaba hecho un desastre. Mientras cogía mis cosas de valor y algo de abrigo para pasar la noche pensaba: «Tranquila, acabarás en un segundo. Si vuelve a pasar, salta por la ventana».

Cogí el pasaporte, el ordenador, mi flauta y mi ukelele, unas manzanas, pan, queso y una bolsa de nueces, y salí lo tan rápido como pude.

Esos tres días que pasé en ese campo fueron muy duros. Dormíamos en el suelo, racionando la comida, sin Internet ni casi batería para comunicarnos, con la incertidumbre y la tensión constante de las réplicas. Dormía con las zapatillas puestas, con el impulso de salir corriendo cada vez que se movía la tierra. Demasiadas réplicas, demasiada tensión. Vivíamos con adrenalina, sucios y muy cansados.

Fueron tres días muy largos en los que apenas nos movimos del lugar y no teníamos mucho que hacer, más allá de hablar del terremoto, de la experiencia, haciendo terapia de grupo. Unas jornadas llenas de sentimiento de comunidad, de emociones, de compartir lo poco que teníamos, de dormir hacinados todos juntos bajo un techo de plástico para refugiarnos de la lluvia, de sentirnos parte del barrio, de observar a nuestros vecinos de otra manera. Había tanta humanidad que llegaba a abrumar. Durante esos tres días no pensé en mi familia, ni en mis amigos, ni en todo lo que estaba lejos. Casi podría decirse que no me lo permitía porque teníamos que mantenernos fuertes en una situación tan complicada. Recuerdo cuando hablé con mi madre la tarde del segundo día. Me acordaré de su voz en ese momento para siempre.

Mi ukelele fue pasando de niño en niño, incluso a veces me dejaban tocarlo a mí también. Me lo pedían, intentaban tocar y luego me lo devolvían desafinado. Cantamos en círculo y estuvimos amenizando aquellas interminables horas de espera todos juntos. Hubo momentos muy bonitos.

Presionada por mi familia y por mi jefe, que desde España no dejó de llamar y de preocuparse por cómo estábamos, decidí acercarme al consulado situado en un hotel cerca del aeropuerto. Al parecer saldría un avión para Nueva Delhi con los españoles que estaban repartidos por Nepal. Me repetían una y otra vez que volviera, que desde España podría ayudar más, que allí no hacía nada. Fue una de las decisiones más duras que he tomado. Tuve que decir adiós a mis vecinos y compañeros con los que había convivido a la intemperie durante tres días. Me preguntaban perplejos que si me iba y por qué. No tenía nada que decirles. No encontraba las palabras. Como era blanca, tenía una opción de salir mientras ellos tendrían que quedarse hasta quién sabía cuándo. Hice una maleta con lo justo. Ni siquiera pude cerrar mi casa porque la puerta se había doblado, así que di por perdidas todas mis pertenencias. Me volví a despedir y, después de mucho trabajo, llegué al aeropuerto. Iba acompañada de Nagore, la otra española, que no tenía tan claro qué hacer, como me pasaba a mí.

La llegada al consulado fue complicada pero al final lo conseguimos. Nos sentimos abrumadas por la limpieza, la wifi, el trato y la comida caliente. Aunque desconcertadas, nos empezamos a relajar. Ahí estuvimos algunas horas más. Ya de noche nos trasladamos a la sede de la constructora San José. Fue el momento en que me separé de mi amiga, que decidió volver al campamento. Ahí empezó la siguiente etapa, la de la repatriación: inscripción, listas, coches, esperas, gestiones, empezar a hablar en español, a compartir experiencias, a enviar *whatsapps*, a conceder entrevistas por Facebook y Skype... Hasta ese momento no me había dado cuenta de la repercusión mediática que estábamos teniendo en Internet y en España. Fue abrumador.

De ahí nos llevaron al aeropuerto, de madrugada y con prisas y dificultades nos montamos todos en el avión que muy gentilmente nos había cedido el ministro, no sin que mediara cierta presión social y mediática.

Los que gestionaron la repatriación, la cónsul Laura García, los maravillosos trabajadores de la constructora San José y todos los demás que estaban por ahí colaborando, lo hicieron lo mejor que pudieron. Nos sacaron de allí, que es lo importante, y siempre les agradeceré todo el trabajo y su buena actitud en aquellos delicados momentos.

Cuando escribo este relato sé que dentro de poco volveré a Nepal a continuar con mi trabajo allí con más ganas si cabe. Creo que la música jugará un papel importante en estos tiempos tan difíciles, donde no solo hay que arreglar casas y barrios, sino también reponer la confianza y la fuerza moral y devolver las sonrisas a este país tan especial.

TIEMBLAN LA TIERRA Y EL CORAZÓN
Yolanda Ruiz (49 años)

Vivo en Nepal desde hace cuatro años, durante los cuales he desarrollado diferentes actividades. La principal ha sido fundar y colaborar con una ONG local muy sencilla que trabaja en zonas remotas del Himalaya.

El 25 de abril de 2015 estaba en la clínica de medicina tibetana en la que trabajo actualmente dando masajes, en Phulbari Road, en Boudha. Hablaba con el médico cuando de repente se sintió un pequeño temblor en el suelo. No le di importancia. Ya había tenido ese tipo de experiencias otras veces, ya que éste es un lugar de mucha actividad sísmica y a veces se han sentido temblores. Pero enseguida nos dimos cuenta de que esta vez era diferente, porque después del primer temblor vino una sacudida muy, muy fuerte, seguida de otras oleadas de intensidad creciente. Nos refugiamos debajo del marco de la puerta, que es lugar más seguro donde ponerte si estás dentro de una casa. El suelo se movía bajo nuestros pies como cuando estás en un barco y hay mucha marea. Las paredes, el techo, el suelo, todo ondulaba. Las cosas colgadas de las paredes se caían. Una máquina enorme de acero de medicina tibetana que puede pesar fácilmente 100 kilos se precipitó hacia nosotros. Todo temblaba y se movía sin control. La percepción habitual de la realidad sólida se transformaba ante mis ojos incrédulos. No podíamos hacer nada, solo mantenernos en pie. El médico me preguntó si tenía miedo a morir y le dije que no. Ambos nos miramos y dijimos más o menos lo mismo: cuánto dolor, cuánta gente debe estar muriendo ahora mismo... El corazón me palpitaba muy fuerte. Me llevé las manos al pecho y sentí un dolor intenso. No por miedo, sino al sentir cuánto sufrimiento iba a ocasionar aquel terremoto. Sé que puede resultar muy extraño, pero en ese momento no temí por mi vida.

Cuando el movimiento paró unos segundos aprovechamos para salir. Todo el mundo estaba ya fuera. En la calle el pánico se reflejaba en las caras. Los edificios se movían como si fueran de papel. Todo estaba agrietado y a punto de caerse encima de nosotros, que estábamos debajo como pequeñas hormigas. Mucha gente corría. Nosotros tratamos de mantener la calma para que cada paso que dábamos fuera hacia un lugar estable. El médico me dijo:

–Vamos a mi casa, es una de las más seguras. –Al llegar nadie nos abrió la puerta, nadie parecía escucharnos. Fuimos por la parte de atrás y vi que teníamos que pasar por una calle estrecha con paredes de ladrillos a ambos lados. Pensé que era muy peligroso pasar por allí, pero seguí adelante. Su casa se había derrumbado. Él corrió para comprobar si su madre estaba a salvo. Tenía 84 años y allí estaba, en el jardín, viendo cómo su casa se había desplomado. Nos avisaron de que había tres mujeres dentro de la casa. Llegó mucha gente, también la policía, y comenzó el rescate. Las siguientes horas fueron una agonía. Esperábamos poder ver salir a esas tres mujeres sanas y salvas. La tierra se seguía moviendo violentamente y todos nos agrupamos en el centro del jardín, lejos de cualquier pared. Los hombres que estaban dentro de la casa participando en el rescate salían corriendo cada vez que sentíamos un temblor, y esas salidas precipitadas eran muy peligrosas porque tenían que saltar entre los escombros. Algunos de ellos, heroicamente, no salieron ni una sola vez y trabajaron muy duro para ayudarlas. Finalmente una mujer murió porque quedó atrapada por una viga. A otra la sacaron inconsciente con la pierna cortada y la última, aunque no salió por propio su pie, parecía consciente e ilesa.

Toda la gente que ayudó en el rescate se marchó y yo pensé que también era el momento de dejar a esa familia y decidir qué hacer. Me fui a buscar a otros amigos que me habían llamado unas horas antes para ver cómo estaban ellos y cómo estaba su casa. En ese momento ya habían dejado de funcionar todos los teléfonos. Mis amigos no contestaron pero me los encontré por la calle. Su casa también estaba destrozada. Habían entrado para recoger lo imprescindible y me sugirieron que hiciera lo mismo. Hice una lista mental rápida con las cosas que necesitaba para pasar la noche y dónde estaban, para así entrar corriendo, cogerlas y salir lo antes posible.

Me informaron de que en unos grandes jardines al aire libre de un hotel de 5 estrellas cercano se estaba reuniendo toda la gente, pues era un lugar seguro. En los jardines y la pista de tenis pasé los siguientes días. Improvisamos un campo de refugiados, y aunque la tierra no dejó de moverse, sentíamos que manteniéndonos a distancia del edificio estábamos más a salvo. El hotel nos dio a todos comida y agua gratis durante dos días. Luego empezaron a cobrar por la comida, que se redujo a arroz y lentejas con verduras, el plato típico de Nepal. Empezaron a llegar noticias desde las embajadas: las réplicas seguirían. Si el terremoto había sido de 7,9 grados, aquéllas estaban siendo de 5,5 o más en ocasiones.

Veinticuatro horas después se produjo una segunda réplica de 6,9. Estábamos «preparados» para ello pues nos habían dicho que una réplica importante se produciría más o menos 24 horas después. Todas las predicciones de las réplicas se cumplían con una media hora de diferencia; parecía que se pudiera saber qué es lo que iba a pasar. Era más o menos mediodía. Bajo un sol ardiente estábamos en nuestras tiendas de campaña improvisadas con las sombrillas del hotel que nos servían de refugio del sol durante el día y de la lluvia por la noche, porque no paró de llover casi cada noche que estuvimos durmiendo en la calle. Había un silencio extraño en el aire, preludio de que algo fuerte iba a ocurrir. Es un silencio que no puedo explicar, pero que te dice: «Prepárate, todo puede pasar de un momento a otro». Los animales son los primeros en sentirlo. Las ardillas empiezan a correr sin control. Los pájaros emiten sonidos fuertes y extraños. Yo estaba mirando una silla que estaba en medio de nuestro camino de salida de la tienda, así que me levanté para quitarla del medio y en ese momento la tierra empezó a sacudirse otra vez. Todos nos agrupamos en el centro de las pistas de tenis. La tierra bajo nuestros pies era otra vez como el mar, una sacudida de olas, pero todos nos mantuvimos en pie.

Tras esta fuerte réplica una gran desolación cayó en el ánimo de todos. Al hotel ya no se podía entrar porque los daños eran cada vez mayores. Pensaba en todas esas casas que habían aguantado pero que seguramente no tendrían una segunda oportunidad después de otro temblor tan fuerte. Pensé en las montañas, y sobre todo, en las personas afectadas. ¿Cuántas serían? ¿Cientos, miles? Aún no lo sabía y sentía con gran pesar que esa pesadilla no había hecho más que empezar y parecía que no iba a acabar nunca. Al poco volvieron a predecir más réplicas y todas se fueron cumpliendo penosamente. La tierra siguió temblando cientos de veces en los primeros días, y aún sigue haciéndolo. La tercera noche se extendió el rumor de que un tercer terremoto de intensidad 9 iba a suceder entre las 21.00 y las 23.00 h de esa noche, lo que extendió el pánico y la desolación entre todos. Comenzó a llover torrencialmente. Mi saco de dormir estaba totalmente empapado. Yo me protegía con un paraguas a pesar de encontrarme debajo de nuestras tiendas improvisadas. Todos estábamos despiertos aquella noche, esperando. Esperando que algo nos arrasara. La tierra se movió y todos nos miramos y nos pusimos en alerta para salir corriendo, pero enseguida se paró. Solo había sido una réplica y no el esperado gran terremoto. Por suerte la Madre Divina no volvió a sacudirse hasta el día 12 de mayo.

Milagrosamente, mi teléfono nepalí funcionó 24 horas todos los días, porque es un modelo antiguo y la batería llegó a durarme ni más ni menos que tres días, lo cual me resultó muy útil porque no había electricidad ni, por tanto, posibilidad de recargarla. La primera llamada la había hecho de camino a los jardines del hotel y había sido a mi madre. Dos minutos para contarle lo que había pasado y que me encontraba bien. Mi hermano estuvo llamando día y noche para darnos noticias. También muchos de mis amigos que no pudieron hablar con sus familiares en 24 o 48 horas me dieron los números de sus familiares para que mi hermano los contactara y les avisara de que estaban bien. Vivos, que no es poco. Mi madre había estado visitándome durante tres semanas con un grupo de españoles y se habían marchado nueve días antes. Cada día daba las gracias porque no estuvieran ya en Nepal.

Durante la mañana del tercer día se nos avisó desde la embajada española de Delhi de que iban a fletar aviones para salir. Por la mañana nos juntamos en el hotel al que nos indicaron que fuéramos y dos personas muy amables de la embajada estaban esperándonos allí. Mi hermano me había dicho que tanto él como mi madre querían que regresara cuanto antes, que era muy peligroso seguir ahí. Pero algo dentro de mí no me dejaba irme, salir corriendo. Durante cuatro años Nepal había sido mi tierra, una tierra en la que me siento como en mi segunda casa; no puedo explicar qué clase de conexión o relación tengo con el Himalaya y su gente. A esto se añadía que no tenía mi pasaporte porque me estaban tramitando el visado pues en unos días tenía previsto hacer un viaje a Seattle, en Estados Unidos. Sentí que no tenía por qué cambiar nada en mi camino y decidí quedarme. Sé que no fue la mejor noticia que he dado a mi familia, pero ellos me apoyaron y confiamos en que todo iría bien, y así fue.

Me encontraba ya en Seattle cuando en mitad de la madrugada leí en un mensaje que había habido otro terremoto en Nepal. Ese mismo día escribí lo siguiente:

Terremoto desde dentro:

Quizá sea bueno recordar que la misma tierra que ahora te sostiene, segura, firme, sobre la que te levantas cada día, es la misma que se abre, se sacude, se estremece a unos kilómetros de tus pies. Sí, a unos kilómetros de tus pies, no más.

Trata de sentir por un momento que eso que siempre estuvo ahí y que diste por seguro, un día no está más porque tiembla, y tú te caes, porque en ella eres tan frágil como una hormiga ante un estornudo o un vendaval de aire.

La cuestión ya no es si tienes casa, es que ya no tienes tierra que pisar y te faltan alas para volar y aletas para nadar. Así es desde dentro, pasando las horas a la merced de la Madre Tierra, la única que nos cuida y de la que no podemos escapar.

Nos quedamos sin la tierra que una vez conocimos, nos tocó vivir esto a algunos y sobrevivirlo, aunque todavía no sepamos cómo. Ahora nos queda la esperanza de una nueva tierra más digna, más humana, más humilde con la Madre que alimenta nuestra suerte.

Terremoto desde fuera:
	Una frase: Nuevo terremoto en Nepal. 2.45 h.
	Todo a mi alrededor se estremece.
	Negación: debe de ser un rumor, alguien miente.
	La aplastante frustración porque de nuevo no haya suelo para toda esa gente, amigos y familia.
	Desde fuera no es tu vida la que tienes que salvar, solo las vidas de los que amas y que esperas que respiren y se sostengan, nada más.
	Desde fuera no hay mucho más; sentarse en el puerto de Seattle a escribir, caminar o llorar.
	Y siempre desde dentro o desde fuera, rezar.
	Rezar sin miedo. Rezar con fe. Rezar con devoción. Rezar por lo que es.

Regresé a Nepal después de un intenso trabajo para la ONG con la que colaboro recaudando fondos con los que proveer de los materiales necesarios para la construcción de casas provisionales durante el monzón, un refugio para personas que viven en las zonas más remotas y para las que trabajamos desde hace siete años.

Antes de llegar sentía una gran incertidumbre sobre cómo me iba a sentir al regresar y al volver a notar temblar la tierra, porque sigue moviéndose. Siguen las réplicas aunque para la mayor parte del mundo, que volvió a sus vidas tras la noticia que los impulsó a poner su atención en este lejano país, parezca que lo de Nepal ya pasó. «Lo de Nepal» no ha hecho más que comenzar, porque tras la gran destrucción llega el momento de renacer de entre los escombros y construir, espero, algo más digno y humano para sus gentes. Edificios que no maten personas. Formas de vida más sostenibles y respetuosas con la Madre Tierra. El Everest está lleno de basura, así como los caminos en las montañas que he recorrido y los ríos junto a los que he paseado, mientras contemplaba una belleza inigualable.

Cuidar de la Madre que nos cuida y respetarla es algo importante que creo debemos comprender profundamente, no solo para y en Nepal, sino en todo el mundo, que es nuestra casa.

Mi vida cambió. Mi corazón se derrumbó el 25 de abril y al mismo tiempo sé que destrucción, muerte y renacimiento son parte del ciclo de la vida. Estoy recién nacida, a punto de regresar al hogar. No se puede huir de nada. Todo lo que nos ocurre siempre es para mejor, aunque para nada lo parezca.

CUANDO NO SABES SI LO QUE ESTÁS VIVIENDO ES UNA PESADILLA
Ruth Aréjula Trejo

Llevaba dos meses en Nepal. Por fin había llegado a ese país del que todo el mundo me decía que me iba a enamorar. Y así fue. Había llegado el 3 de marzo por la noche. Venía de Tailandia, de haber estado viajando cinco meses por el sudeste asiático. Desde el momento en que aterricé allí sentí una vibración muy especial. Iba con el propósito de conocer proyectos educativos y aprender. Estuve unos días en Katmandú y me encontré con una pareja española que llevaba cinco meses haciendo labores de voluntariado en un orfanato. Me pasaron varios contactos para visitar escuelas, orfanatos y también granjas de permacultura, y aquí comenzó mi historia. Estuve en Panauti, colaborando una semana en un orfanato y viendo su funcionamiento. Me encantó compartir esos momentos con todos esos niños. Después me fui a Bhaktapur, a la Sarawati English School, donde conocí a Cristina, ahora buena amiga y compañera, que colaboraba con la ONG Círculo de Cooperación. Estuve realizando actividades en las clases con los niños y ayudando a pintar el comedor para darle más luz y alegría. Me encantaron Bhaktapur y su gente; conocí a muchísima gente que desde el primer momento me trató como una amiga más, gente maravillosa. Después estuve en una granja de permacultura una semana, donde estuve muy a gusto. Pero yo sentía que tenía que regresar a Bhaktapur. Me apetecía seguir yendo a las clases y compartir buenos momentos con aquella gente. Me encantaba caminar por sus callecitas y quedar a tomar el té con mis amigos y escribir postales en una de las plazuelas llamada Peacock y rodeada de templos. Cada día me sentía más integrada. Aquel lugar se convirtió en mi segundo hogar.

El 25 de abril me encontraba desayunando con unos amigos en Kotesor. Estaba comiéndome un trozo de tarta de chocolate, estábamos todos riéndonos y disfrutando del momento. Pero de repente todo cambió. La luz del local parpadeó y yo pensé que sería otro corte de electricidad pero mi amigo se levantó rápido y me dijo:

−¡Ruth corre!. −Yo no entendía por qué, pero de repente todo se movía, todo temblaba, todo se caía. Salí como pude de allí, gritando porque no encontraba a mi amiga Cristina, que se había ido al baño. Al salir, un amigo mío se cayó y se estampó contra la cristalera. Todo el mundo estaba histérico, gritando y saliendo del local. Yo no quería salir sin Cristina, pero me sacaron a empujones. Mi amigo me sujetaba mientras yo la llamaba desesperadamente y a voz en grito, hasta que por fin la vi salir del local en el último lugar. Me invadió una gran tranquilidad al verla porque estaba muy nerviosa ante la perspectiva de que se quedara atrapada dentro. Nuestros amigos nos abrazaron y nos sentaron en el suelo, protegiéndonos en todo momento. El edificio parecía de plastilina. Se movía de un lado a otro. Los tanques de agua de las terrazas comenzaron a caerse y el temblor no cesaba. El ruido que producía la tierra apenas dejaba oír los gritos de la gente.

Fueron 30 segundos, pero a mí se me hicieron eternos.

Al cabo de unos minutos hubo una réplica. Todo el mundo estaba muy asustado. Yo estaba traumatizada. No entendía nada, no sabía si era una pesadilla o todo era cierto. Regresamos a Bhaktapur en moto y en el trayecto nos dimos cuenta de la importancia del suceso. A nuestro alrededor se habían derrumbado casas y puentes y la carretera estaba agrietada.

Llegamos a Bhaktapur y Cristina y yo nos quedamos un rato enfrente del Sarawati English School porque nuestros amigos querían ir a ver a sus familias. Cada dos por tres había un nuevo temblor. En uno de los temblores más fuertes tenía a una niña pequeña cerca y ella me agarró con fuerza. Yo la abracé a su vez, con todas mis ganas. No quería que le pasase absolutamente nada a aquella pequeña. Cuando el movimiento paró, la niña regresó asustada con su madre que estaba a unos metros.

Mi amigo consiguió localizarnos entre la multitud y nos llevó cerca de su casa, donde estaban su familia y sus vecinos en una explanada. Habían montado una lona en una plataforma de cemento. Allí estuvimos Cristina y yo tres días, sin poder dormir porque a la mínima que el suelo se movía me ponía en estado de alerta, aunque dejé de tener miedo. Únicamente quería que pasase todo. Nos trataron como a sus hijas. No nos faltó un plato de comida, y sobre todo, intentaban que estuviésemos tranquilas. Pude contactar con mi familia porque me quedaba algo de batería, para decirles que estaba bien y a salvo. Apenas salimos del campamento porque la tierra no paraba de temblar y no era seguro dejar la zona. Nos daba miedo hasta ir al baño. Yo me fijaba en los postes de la luz, donde los pájaros se posaban. Cuando volaban, la incertidumbre y el miedo te invadían porque sabías que iba a llegar otra réplica.

El último día conseguimos salir del campamento y pedimos agua en una tienda, pero ya no tenían. Fue el momento en el que Cris y yo tomamos la dura decisión de marcharnos. Yo no quería irme, no quería abandonarles y además no sabía todavía dónde estaban los niños de la escuela y del orfanato, pero tampoco quería ser una carga y que se preocupasen por mí en vez de ayudarles. Dijimos que nos íbamos. Mi hermana me había mandado un mensaje en el que me decía que había un avión que salía en dos horas.

Parecía una locura coger una mochila y meter una muda de ropa e irnos en moto, pero mi amigo se había ofrecido a llevarnos y no teníamos otra forma de ir. La carretera estaba agrietada, solo se veían escombros. Me resultó muy duro separarme de todos ellos, pero sabía que desde España podríamos enviarles mucha más ayuda. Cuando llegamos al aeropuerto yo no podía parar de llorar. De hecho, estuve a punto de no coger el avión. Escuchaba los testimonios de aquella gente y me sentía horrorizada. Seguía pensando que era una pesadilla de la que despertaría.

Llegamos a Delhi y Cris y yo nos pusimos manos a la obra a organizar eventos con Círculo de Cooperación.

Ahora seguimos trabajando para ayudar y apoyar a toda esa gente que lo ha perdido todo. Cuando veo las imágenes sigo sin creérmelo. Cada día me levanto con ganas de volver a Nepal.

EL DÍA QUE NEPAL SE CONVIRTIÓ EN UN INFIERNO
Ramon Feixa (67 años)

El día 25 de abril del 2015 quedará para siempre grabado en mi memoria. Ese día viví en primera persona un acontecimiento difícil de olvidar: la destrucción de un país al que amo por su fascinante belleza y por la nobleza de sus gentes.

Me encontraba en Nepal por una buena y satisfactoria causa. Mi amigo Juanjo Rodríguez, de San Sebastián de los

Reyes, me había invitado a acompañarle y compartir la alegría que representaba el hecho de poder ayudar a aquella gente lejana con la inauguración de un espacio polivalente para que los niños de Bhimpedi pudieran practicar todo tipo de deportes.

El 22 estábamos en Katmandú paseando plácidamente (es un decir) entre el habitual caos y la contaminación a la que sus habitantes y las hordas de turistas se acostumbran sin remedio.

Disfrutamos de toda la belleza que el valle de Katmandú nos ofrecía. Paseamos por el típico y laberíntico barrio de Thamel, saludamos a amigos de las calles y a otros con los que habíamos compartido viajes anteriores. Visitamos un monasterio situado a escasos kilómetros de Bhaktapur y después decidimos acercarnos hasta esta hermosa y exótica urbe para comer en un restaurante que conocemos bien situado en la propia plaza Durbar.

Juanjo quiso subir hasta lo alto del templo principal de aquella magnífica plaza y yo decidí tomarme una cerveza Everest bien fresca. Desde mi lugar privilegiado le hice una foto mientras él trepaba por las escaleras y la envié a todos mis amigos por Instagram. No podía imaginarme que 48 horas más tarde aquel bello monumento se derrumbaría atrapando en sus ruinas a todos los turistas desprevenidos que estaban contemplando su belleza.

Al día siguiente nos desplazamos a Bhimpedi. A pesar de la poca distancia que separa esta población de la capital —unos 50 kilómetros—, aquel trayecto nos llevaría más de 3 horas, pues el mal estado de la carretera, su estrechez, las curvas y los empinados collados que debíamos superar, hacían el desplazamiento muy lento y peligroso.

Cuando llegamos a la última curva antes de descender hacia el valle hicimos un alto en el camino para contemplar el asombroso paisaje, las montañas y la aldea, que resaltaba hermosa en lo alto de una colina. También pudimos ver la pista multideportiva situada a unos 500 metros de la población, que con su color azul y el bullicio de los niños que la llenaban, parecía un gran estadio deportivo digno de los mejores jugadores de la liga americana de baloncesto.

Aquella visión nos llenó de alegría a todos los que nos bajamos del todoterreno que nos había trasladado hasta allí y, especialmente a Juanjo, verdadero artífice de que aquel proyecto hubiera llegado a buen puerto. Estaba radiante de felicidad; veía por fin realizado el sueño que durante tanto tiempo había perseguido.

Hicimos una parada en las instalaciones deportivas. Allí nos esperaba Bhupendra, coordinador e impulsor en Nepal del proyecto nacido de la colaboración entre él y su buen amigo Juanjo.

El resto del día lo pasamos en casa de Bhupendra y paseando por el pueblo entre multitudes. Los niños reconocían a Juanjo y constantemente lo abrazaban demostrándole su agradecimiento y cariño por lo que estaba haciendo desinteresadamente por ellos.

Todo estaba resultando un éxito. Aunque aquella noche llovió intensamente, el día siguiente amaneció cubierto pero sin lluvia. A la hora prevista el ministro de deportes de Nepal se presentó en casa de Bhupendra y compartió el desayuno con nosotros y con las autoridades del pueblo.

Más tarde nos dirigimos a pie hasta el polideportivo, donde estaba todo preparado para la esperada inauguración: sillas para los invitados, un improvisado escenario para los discursos, los niños vestidos con sus coloridos chándales, y todo el pueblo con sus mejores galas. Las banderas de Nepal y España ondeaban por doquier; la mayoría de los niños alzaban con sus manitas ambas banderas como señal de triunfo y agradecimiento.

La alegría se reflejaba en todos los rostros; los niños en especial estaban radiantes, eran conscientes de que todo aquello se había hecho para ellos y eso los llenaba de felicidad. Las madres estaban pletóricas y orgullosas de sus hijos, y los hombres, satisfechos por pertenecer a aquella comunidad.

Todo salió rodado. Cada uno de los políticos y responsables del proyecto soltó su discurso. Todos hablaron en inglés, y algunos solamente en nepalí. Mi amigo Juanjo dio un magnífico discurso en inglés y lo remató en nepalí, cosa que arrancó los aplausos de todos, incluyendo al ministro.

El ambiente festivo era palpable. Los niños habían preparado con mucha ilusión unos bailes típicos que fueron una maravilla de espectáculo para los asistentes. Poco a poco algunos abandonaban el lugar, y cuando el ministro y su escolta ya habían subido a sus todoterrenos, se desató la salvaje furia de la Naturaleza.

A todos nos pilló desprevenidos. No sabíamos exactamente lo que estaba pasando. Notábamos que las piernas nos temblaban; veíamos que los coches aparcados se movían y daban pequeños saltos. Uno que no tenía el freno de mano puesto comenzó a rodar lentamente hasta que su propietario subió rápidamente a su interior y lo frenó. En ese mismo momento, y cuando todavía no salíamos de nuestro asombro, las casas de la aldea situada encima de la colina, a unos 500 metros, empezaron a estallar como si estuvieran siendo objeto de un bombardeo. Los niños empezaron a llorar y corrieron a abrazarse a sus madres, que conscientes de lo que estaba pasando, arrancaron a gritar y llorar mientras intentaban consolar a sus hijos. Los hombres, que hasta entonces no habían reaccionado, se subieron a toda prisa a sus camiones y furgonetas y se dirigieron rápidamente hacia el pueblo.

Nosotros, todavía sumidos en un profundo desconcierto, decidimos tomar el mismo camino a pie. Cuando llegamos a la altura de las primeras casas del pueblo nos dimos cuenta de lo que un temblor de unos segundos había supuesto para aquella bonita aldea, que había pasado en pocos minutos de la alegría de una fiesta total, a la desesperación de una tragedia sin límites.

Por suerte la gran mayoría de la población se encontraba en la inauguración, pues en caso contrario, dada la hora en la que se produjo el terremoto y la fuerza con que se manifestó, estaríamos probablemente lamentando una tragedia mucho mayor.

Muchos de los organizadores que se habían desplazado a aquel acontecimiento tenían a sus familias y sus casas en Katmandú. La comunicación con el resto del mundo se había hecho casi imposible. De común acuerdo decidieron comer algo, ver cómo había quedado la aldea y regresar a la capital para reunirse con sus familiares. Nosotros no podíamos hacer otra cosa que regresar con ellos a Katmandú, conscientes de que no tendríamos habitación en nuestro hotel, pues no nos esperaban hasta dos días más tarde.

Atrás dejábamos a nuestros amigos de Bhimpedi desolados y conmocionados. Todavía no eran conscientes de lo que les quedaba por hacer, y en su dolor y frustración solo mostraban agradecimiento por estar todavía vivos.

Los tres cooperantes pertenecientes a Amics del Nepal se quedaron todavía allí a la espera de tomar alguna decisión. Les deseo mucha suerte y que regresen pronto a sus casas, pues sin dudas sus familias sufrirán hasta que los vean de nuevo junto a ellos.

El regreso fue todo un poema. La carretera estaba peor que a la ida, que ya es decir, pues enormes pedazos de roca se habían desprendido y en algunos lugares era casi imposible circular. La visión de los pueblos que encontrábamos por el camino era frustrante. Casi todos presentaban un aspecto de devastación, como si hubieran sufrido un ataque de guerra. Sus habitantes ocupaban las calles y los bordes de la carretera.

Nuestra llegada a la capital nos desalentó aún más si cabe. Allá donde mirábamos solo veíamos destrucción y muerte. Sus habitantes vagaban sin rumbo o en busca de los descampados que les pudieran dar un mínimo de seguridad. Cualquier cosa valía para improvisar una sencilla tienda de campaña. Pero todavía tenían fuerzas para saludarnos y obsequiarnos con una sonrisa.

Una vez llegados al hotel nuestros amigos se despidieron y quedaron en volver más tarde. Ahora debían acudir junto a sus familias y asegurarse de que estuvieran bien y que sus casas siguieran en pie. En el hotel no nos quisieron dar habitación, pues aquella noche se esperaban algunas réplicas de importancia y aconsejaban dormir en el exterior, o como mucho en el vestíbulo.

Aquella misma tarde fuimos a echar un vistazo por el centro de Katmandú. El corazón se nos encogió y la tristeza nos invadió. Apenas podíamos contener las lágrimas, así que decidimos regresar al hotel. Habíamos superado nuestro límite de frustración e impotencia al comprender que muy poco podíamos hacer por aliviar el dolor de aquellas gentes.

Al día siguiente, haciendo acopio de valor y endureciendo nuestro corazón, decidimos acercarnos hasta la plaza Durbar, centro histórico de la hermosa ciudad y donde los efectos del terremoto habían sido devastadores. Allí por donde pasábamos solo quedaba destrucción y muerte a nuestro alrededor.

La visión de la maravillosa plaza con sus palacios y templos fue desoladora. Todo estaba en ruinas. Un cordón policial nos impedía el paso al centro y nos protegía del peligro que esto hubiera supuesto.

Se dio la circunstancia de que mientras estábamos curioseando se produjo otra réplica de fuerte impacto, esta vez superior a los 6,7 grados. Salimos corriendo sin rumbo fijo junto con toda la multitud que nos rodeaba, que era empujada a su vez por la policía, con la única idea de apartarnos de los edificios que todavía quedaban en pie y de algunos monolitos que estaban condenados a irse al suelo.

Vimos cómo decenas de mujeres, ancianos y niños vagaban por las calles, cargados con sus pocos enseres tras haber perdido sus humildes casas, buscando la relativa seguridad que les ofrecía un gran campo que se encontraba al otro lado de la avenida Kantipath. Esta ancha calle estaba totalmente abarrotada de gente.

Todos ellos, después de cruzar el gran arco monumental

que daba acceso al parque y a lo que ellos creían su salvación, plantaban sus precarias tiendas de acampada y se preparaban a vivir en aquel entorno el tiempo que hiciera falta hasta que pudieran regresar a sus casas.

Aquel majestuoso arco que daba entrada a aquella inmensa zona de acampada se vino abajo un poco más tarde en una nueva réplica del terremoto y cayó encima de un nutrido grupo de nepalíes que cruzaban la amplia avenida. No pude dejar de pensar que nosotros habíamos pasado por debajo apenas unas horas antes.

Cuando ya creíamos haberlo visto todo nos dimos cuenta de que estábamos enfrente de uno de los hospitales más grandes de la capital. Observamos los movimientos del ejército, los policías y los heridos en busca de ayuda. Una camioneta que descargó algunos cadáveres nos devolvió a la brutal realidad, y cuando nos dimos cuenta de que eran amontonados detrás de un muro al lado del hospital, comprendimos que detrás de aquel pequeño y terrorífico muro se apilaba un número indeterminado de cuerpos sin vida, destrozados, y algunos de ellos sin tan siquiera una sábana que los cubriera. Aquella visión nos pareció un testimonio de lo injusta que puede ser a veces la voluntad divina.

Aquello era más de lo que podíamos aguantar. Traumatizados, con el alma en pena y una sensación de desolación, decidimos regresar a la relativa seguridad de nuestro hotel.

Aunque en un primer momento decidimos apurar los días que todavía nos quedaban en Nepal para poder echar una mano si era necesario, en seguida nos dimos cuenta de que nuestros amigos, con su habitual e innato sentido de colaboración y acogida, estaban más pendientes de lo que nosotros necesitábamos que de su propia situación dramática. Por eso decidimos contactar con el consulado de España y apuntarnos con el resto de españoles a los aviones que el gobierno español había puesto a nuestra disposición.

El regreso vía Delhi fue todo un acontecimiento. Españoles venidos de zonas bien distintas de Nepal nos reunimos en las instalaciones que la constructora San José tiene en el aeropuerto de Katmandú. Cada persona llevaba consigo una historia emocionante. Todos teníamos algo que contar y un solo objetivo en nuestras mentes: regresar cuanto antes a nuestro país con nuestra familia. Por desgracia no podíamos hacer nada más que dejar atrás tanto sufrimiento y destrucción.

Solo los que de alguna forma habíamos sufrido en nuestras propias carnes el dolor y la desolación de aquel pueblo sabíamos que no íbamos a dejarlos solos ni permitir que aquello se olvidara.

Han pasado 15 días cuando escribo esto. Me encuentro en mi confortable y seguro refugio de Queralbs, pero mi mente todavía está muy lejos de aquí. No puedo dejar de pensar en aquellas familias, en aquellos amigos que dejé atrás y sobre todo en los niños, que aunque no habían perdido su eterna sonrisa, no lo iban a tener nada fácil.

Me siento culpable por vivir tan cómodamente, por estar en este mundo del que formo parte, en el que las envidias, las rencillas, el egoísmo y la falta de solidaridad, campan a sus anchas.

Durante los primeros días de mi regreso todos querían conocer aquella emocionante historia de primera mano. Parecía que quisieran escuchar el relato de aquel dramático suceso como si se tratara de un argumento de ficción que se proyecta en alguna sala de arte y ensayo.

Mi amigo Juanjo me dijo:

—No dejes que tu entorno se olvide del alcance de esta tragedia.

Efectivamente, la gente poco a poco pierde interés y nuevos sucesos sacuden nuestro mundo pasando a un primer plano, portadas que venden más y que apartan aquellas noticias que ya casi se han olvidado. Aquello pasó hace tiempo en un pequeño país poblado por gente que está demasiado lejos para que nos afecte. Así es nuestro mundo. Por suerte, gente como Juanjo, como los autores de este libro y otros muchos cuyo nombre ignoro no permiten que el recuerdo de aquel fatídico 25 de abril muera con el tiempo.

AQUELLO QUE ME LLEVÓ A NEPAL
Juan José Rodríguez (58 años)

Lo que me llevó a Nepal fue la inauguración de una pista multideporte en Bhimphedi, un pequeño pueblo ubicado a 54 km de Katmandú, en el sur de Nepal. Me había comprometido con este proyecto hacía ya unos años, concretamente a finales de abril del año 2010. Había viajado a Nepal ese año con la idea de abrir nuestro anterior proyecto en Bhimphedi, y una vez concluido el acto de inauguración le pregunté a mi amigo Bhupendra qué más podíamos hacer, y él me dijo:

–Podríamos intentar construir una cancha de baloncesto para los niños del orfanato de Bal Mandir que se encuentra en el mismo pueblo. –Regresé a España con ese encargo.

Desde septiembre de 1991, fecha de mi primera visita a Nepal, he estado en catorce ocasiones allí, subiendo montañas, organizando viajes para practicar senderismo, etc. Desde hace más de siete años organizo proyectos de cooperación en Bhimphedi. Son proyectos encaminados a hacer la vida más fácil a los niños desfavorecidos de esta región de Nepal.

Y así, a finales del mes de febrero de este año ya teníamos casi terminada la pista multideporte y nos pusimos a definir una fecha para su inauguración. Sería el 25 de abril de 2015.

Cuatro días antes salía de Madrid con mi amigo Ramón Feixa en dirección a Nepal. El día 24 nos dirigimos hacia Bhimphedi. Y llegó el día 25 de abril, el de la inauguración. Como es costumbre por allí, nos levantamos temprano para el acto.

Mis amigos Bhupendra, Mahem y Madhar, entre otros, estaban nerviosos por tener todo a punto. Se esperaba la asistencia de importantes personalidades. Iba a venir nada menos que el ministro de deportes de Nepal. También, el delegado regional del Sports Council of Nepal –el equivalente a nuestro Consejo Superior de Deportes–, el presidente del Club Rotario de Kantipur, que ha participado de forma generosa en la dirección técnica de la obra, y políticos locales y diversos medios de prensa y televisión.

A las 9.00 h nos dirigíamos todos en grupos hacia la pista multideporte. Allí nos esperaba mucha gente, en un entorno especialmente preparado con todo cariño y dedicación para la inauguración. La música sonaba a través del equipo de megafonía que había sido dispuesto por los organizadores. Cientos de banderas de España y de Nepal adornaban la pista y ondeaban en las manos de todos los niños y niñas, dándole al acto un ambiente festivo a la vez que de hermanamiento.

El director del colegio hizo de maestro de ceremonias. Después tuvo lugar un partido de baloncesto de exhibición entre dos equipos de niños y niñas. Cuánta ilusión me produjo verles por fin jugar al baloncesto bien equipados. El acto concluyó un poco antes de las 12.00 h y después nos entretuvimos charlando.

A eso de las 12.00 h todos nos vimos sacudidos por un fuerte movimiento sísmico que nos pilló desprevenidos y nos aterró. Me encontraba hablando con Surendra, (el director del colegio del pueblo) y con uno de los niños, y nos tuvimos que sujetar los unos a los otros para no caernos al suelo como si fuéramos vulgares borrachos.

En ese instante en que el suelo se empieza a mover de forma violenta durante medio minuto no sabes qué es lo que está pasando exactamente. El cerebro se pone a funcionar aceleradamente tratando de identificar en tus recuerdos alguna sensación similar a ésa con objeto de poder identificar qué está ocurriendo. Pero como no lo has vivido antes, no encuentras una explicación. Entonces escuchas a tu alrededor personas que se mueven muy agitadamente gritando: «¡Earthquake!», y te das cuenta de cuál es la situación. Pasado este momento y una vez que la tierra detiene su temblor, te desconcierta que aquello que parece tan sólido e inamovible, como es el terreno que pisas, llegue a trepidar de una manera tan clara y sorprendente.

Instantes después del terremoto varios de los niños que había a mi alrededor arrancaron a llorar, aterrados por lo que estaba ocurriendo, pero sin saber qué pasaba.

Los niños de estos lugares llevan una vida dura, casi de supervivencia, pero es una dureza conocida. Viven salvando cada día las dificultades, pero son «sus» dificultades. Cada día se enfrentan a un entorno difícil, pero al menos éste les es conocido. Un terremoto de esas proporciones es algo diferente, algo nuevo y aterrador. Ellos aún no eran capaces de vislumbrar cuáles serían las consecuencias de aquello, pero sabían perfectamente que era algo que no les gustaba, que les asustaba, y por eso lloraban.

Nosotros tratamos de calmarlos; les contamos milongas entre sonrisas. Queríamos que nos vieran tranquilos y seguros porque así ellos recuperarían su propia tranquilidad. Los adultos somos su referencia, y si ven que esta referencia siente y manifiesta pánico, a ellos el mundo se les viene abajo. Por eso sonreímos, tratamos de contarles algo para tranquilizarlos, les dijimos que no pasaba nada, les echamos la culpa a las tormentas y cosas así.

Uno de estos niños señaló hacia el pueblo. La pista deportiva que acabábamos de inaugurar se encontraba en las afueras, a unos 200 metros en línea recta. Por tanto, desde donde estábamos teníamos una visión casi completa del pueblo. Vimos como, desde distintos lugares, se levantaban densas columnas de polvo según se iban cayendo muros, techumbres o casas enteras.

La imagen se me quedó grabada, y tardará en borrarse de mi mente. Fue como si estuvieran bombardeando el pueblo. Eché mano de la cámara y pude captar esa imagen de las casas viniéndose abajo entre densas columnas de polvo a lo largo de toda la extensión del pueblo. Hoy esas fotografías son un testimonio vivo y un eficaz documento de los efectos devastadores de aquel terremoto, y no serían las únicas que tendría la oportunidad de captar.

Lentamente todos fuimos dirigiéndonos hacia el pueblo, con paso lento por el temor de la tragedia, pero sin ninguna idea clara de lo que nos íbamos a encontrar cuando llegáramos. Recuerdo a una madre con su pequeño bebé en brazos. El niño portaba en la manita una de esos banderines que se habían hecho para la ocasión. Su mirada parecía reflejar todo el dramatismo del momento.

Recorriendo el pueblo vimos que casi todas las casas habían sido afectadas en mayor o menor medida. Unas tenían los muros derruidos, en otras eran la techumbre o los tabiques interiores los que estaban en el suelo. Los escombros de los hundimientos interiores parecían escapar por las puertas abiertas.

Preguntábamos a todo el que nos encontrábamos deambulando por la calle principal del pueblo por su estado y si en su casa había habido víctimas. Hasta que uno de los vecinos de la casa de mis amigos nos dijo, para nuestro asombro, que no había habido ninguna en todo el pueblo. Debido a la inauguración de la pista deportiva todo el pueblo estaba allí, al lado de la pista o en las afueras del pueblo, observando en la distancia la inauguración. Gracias a ello, el seísmo no había pillado a nadie dentro de sus casas y por eso no había habido ni una sola víctima.

Aquello nos pareció maravilloso; una afortunada casualidad que nos hacía sentir, de alguna manera orgullosos, porque nuestro acto había servido para evitar que allí hubiera víctimas mortales.

Los instantes que siguieron tuvieron como protagonista indiscutible el terremoto y sus consecuencias. Todos trataban de hablar por teléfono con sus familiares y amigos, sobre todo aquellos que habíamos llegado desde Katmandú o de otros lugares para la inauguración. Se trataba de conseguir noticias, de saber si la catástrofe había afectado a Katmandú y en qué medida.

Cuando las comunicaciones lo permitían –porque casi inmediatamente la telefonía fija se interrumpió y la telefonía móvil se encontró pronto saturada por la cantidad de llamadas que se producían desde todas partes–, empezaron a llegar las primeras noticias de Katmandú y sus alrededores. También las primeras fotos enviadas por mensaje. Algunas reflejaban puntos de las calles de Katmandú con grandes grietas y otras casas y monumentos derrumbados.

Pronto nos organizamos para regresar a la capital, adonde llegamos pasadas las 18.30 h. Lo que vimos según entrábamos a la ciudad era un caos. Decenas de personas vagaban por las calles, aparentemente sin un rumbo claro, huyendo unos y buscando amigos o familiares otros. Había grupos de personas que acarreaban heridos hacia los hospitales. La sensación era de desastre, como si de una zona en guerra se tratase. Los cláxones de los coches y las motos se mezclaban con los gritos de los heridos o de las personas que habían descubierto a algún ser querido bajo los escombros.

Nos dirigimos al hotel donde nos encontrábamos alojados. La gente trataba de acomodarse en el aparcamiento exterior. Algunos habían llegado a sacar mesas del hotel para dormir debajo de ellas. Aquella noche nos acostamos en el vestíbulo. Nos acomodamos como pudimos en sillones y sofás o esparcidos por el suelo.

Al día siguiente salimos a recorrer el centro de Katmandú y pudimos observar el devastador efecto del terremoto del día anterior. Caminamos por Kantipath hacia Rani Pokhari, y luego al parque que hay a continuación. En el parque Tudikhel, que tenía también el muro caído y donde muchas familias se estaban acomodando bajo improvisados tenderetes hechos con telas y plásticos, vimos cómo se intentaban organizar para que el espacio pudiera alojar a mucha gente. Policías, jóvenes e incluso niños se afanaban para recoger todo lo que había esparcido por el suelo: papeles, plásticos y restos de todo tipo. Algunos transportaban letreros hechos con un papel grapado a un palo en donde se leía en inglés y en nepalí: «Mantén limpio tu entorno». Me llamó la atención que cuando les hacía fotos, lejos de taparse o apartarse, posaban deliberadamente ante la cámara, como si quisieran dejar constancia ante todo el mundo de lo que allí estaba ocurriendo.

Seguimos hacia New Road en dirección a la plaza Durbar. Esa calle bullía de gente llevando mantas y plásticos. Todos se dirigían en búsqueda de algún lugar al aire libre donde intentar pasar la noche o las noches que hiciera falta. En las proximidades del viejo palacio una gran máquina excavadora se empleaba a fondo en apartar escombros mientras la gente continuaba sacando heridos y personas que, sin estar heridas, estaban claramente conmocionadas.

En esos momentos la tierra volvió a temblar. Sobre las 13.00 h aproximadamente tuvo lugar la réplica más fuerte que se había producido en las 24 horas transcurridas tras el terremoto, nada menos que de 6,7 grados. Desató carreras y gritos entre los que nos encontrábamos en la zona. La policía trató de reunirnos a todos en el centro de la calle por si algún edificio se caía.

Todo estaba cerrado: las tiendas, los restaurantes... por lo que regresamos a nuestro hotel, ya que era el único lugar en donde aún podíamos comer algo. Esa noche la pasamos en nuestra habitación, no sin antes asegurarnos de saber dónde estaba la escalera de emergencia por si teníamos que salir corriendo.

De madrugada recibimos una llamada a la habitación.

Nos despertamos con temor por si desde la recepción del hotel nos llamaban para desalojarlo urgentemente. Pero se trataba de un joven español que también se encontraba alojado allí. Nos comunicó que el consulado español estaba tratando de localizar a todos los españoles para agruparnos y proceder a nuestra evacuación en un avión fletado por el gobierno. Al principio le dijimos que no estábamos interesados, pues teníamos la intención de quedarnos e intentar ayudar en algo.

Sin embargo, por la mañana temprano lo valoramos detenidamente y al final llegamos a la conclusión de que allí no pintábamos nada, que para recoger papeles en el suelo o mover ladrillos de un lugar a otro más bien podíamos llegar a estorbar, que aquél era un momento para los profesionales: los bomberos, el ejército y demás. Por eso contactamos con el consulado, donde nos dieron instrucciones para dirigirnos al hotel Dwarika's. Una vez allí la historia es la misma de la de todos los que fuimos repatriados en aquel avión y, por tanto, no voy a reiterar el relato.

A partir de aquí todo sucedió muy rápidamente. Hubo muchos movimientos, muchas llamadas, mucha incertidumbre, muchas horas de nervios y falta de sueño. Nos llevaron al aeropuerto y estuvimos esperando el avión en las oficinas de la constructora San José y recibimos un trato fantástico por parte de los trabajadores. La gente incluso se organizó muy bien para hacer algo de cena y dejar medicamentos y ropa para la gente de Nepal.

En el vuelo de regreso, primero en el «Air Force One» (como llamamos algunos al avión del gobierno español que nos llevó a Delhi, y después en el 747 que nos llevó de Delhi a Madrid) el personal auxiliar nos cuidó exquisitamente y fueron muy cálidos y entrañables. Es destacable también el trabajo de la cónsul ejecutiva Laura García en Katmandú, que en todo momento se entregó con gran intensidad y que demostró una enorme capacidad de trabajo para que todos pudiésemos salir de allí y lo hiciésemos lo antes y lo mejor posible.

Al margen de esto, en el vuelo de regreso yo no paraba de recordar lo que habíamos dejado atrás, sobre todo a la pobre gente de Nepal, y en cómo quedaba y cómo podría salir el país de aquella situación. Las réplicas continúan repitiéndose y nadie sabe cuándo terminarán. No se sabe si lo peor son las víctimas mortales o las personas que han sobrevivido, pues muchas de ellas se quedarán sin casa ni recursos para volverla a levantar.

Un país que vive fundamentalmente del turismo ha visto cómo muchos de los monumentos que eran las «joyas de su corona», muchos de ellos Patrimonio de la Humanidad, han caído. Me pregunto en qué situación va a quedar Nepal después de esto.

Tras llegar a casa una idea no dejaba de rondarme por la cabeza: había que hacer algo y yo, que ya llevaba más de siete años colaborando en proyectos allí, empecé a tener claro que tenía un fuerte compromiso personal, el compromiso de poner en marcha un nuevo proyecto, que en esta ocasión sería para tratar de ayudarles a recuperarse de las consecuencias del terrible terremoto.

Días más tarde, el 12 de mayo, un nuevo terremoto, esta vez de 7,3 grados, volvió a sacudir Nepal. Pronto llegué a la conclusión de que mis esfuerzos debían dirigirse a ayudar a los nepalíes en la reconstrucción de sus casas. Hoy ya estamos muy avanzados con este proyecto. Parece que la esperanza está empezando a abrirse paso entre las gentes de Nepal. Y eso nos hace felices.

Capítulo 4

CALLES DEMASIADO ESTRECHAS

SORPRENDIDOS EN MEDIO DE LA CIUDAD

LA GRAN AFORTUNADA
Monika Ferlewicz (34 años)

Hay situaciones en la vida en las que te preguntas por qué a él sí y a mí no, y al revés. Vivir el desastre del terremoto de Nepal en primera persona ha hecho que plantearme estas preguntas haya sido muy duro.

Me encontraba con un amigo en la última etapa de nuestro viaje. Habíamos pasado unos días en Katmandú para posteriormente hacer una ruta de senderismo por los Anappurnas y disfrutar de una dosis de rinocerontes en la selva. Habíamos dejado la última semana para Patan y Bhaktapur.

El destino quiso que el hotel donde teníamos previsto alojarnos, el más antiguo de Patán, estuviera lleno y nos quedásemos en el Lalit Heritage Home. Este sitio resultaría ser a la postre una fortaleza y un hogar.

Al día siguiente de nuestra llegada, nuestro anfitrión nos explicó que la fiesta tan importante que se estaba celebrando era *Machhindranath*. Se trataba de un homenaje al dios del agua en el que un mástil de madera de más de 15 metros desfila por las calles de Patan acompañado de festejos por parte de budistas e hinduistas.

Desde la terraza del hotel veíamos la maravillosa plaza Durbar, Patrimonio de la Humanidad. Esa mañana no había muy buena luz, así que opté por dejar las fotos para otro día, ocasión que nunca llegó. Como la plaza estaba tan cerca y requería al menos medio día para poder disfrutar de ella a fondo, decidimos dar nuestra primera vuelta por Patan sin entretenernos mucho, ya que sobre las 15.00 h empezaban los desfiles, los conciertos y las demás diversiones de las fiestas.

Empezamos a andar por las calles de Patan haciendo un recorrido por unos patios con templos en su interior. A medida que avanzábamos nos íbamos encontrando con gente disfrazada, que tocaba instrumentos y se preparaba para la tarde.

Nos paramos en un templo en medio de la calle y a mí me llamó mucho la atención la decoración de un dragón en madera policromada del tejado. Hice una foto y de repente oí un ruido, como provocado por un camión. Me dejó clavada en el sitio. En unos segundos mi cabeza analizó ese ruido y me dije: «Pero si es imposible que un camión pase por unas calles tan estrechas». En ese mismo instante todo empezó a moverse y vi cómo la gente salía corriendo de sus casas y se concentraba en el centro de la calle. Yo también reaccioné y me reuní con ellos. Recorrí muy pocos metros, pero apenas podía mantener el equilibrio por el movimiento tan fuerte del suelo. Cuando llegué adonde estaban todas esas personas la tierra seguía temblando. Se estaba haciendo interminable, aunque la realidad era que todo estaba pasando en cuestión de unos pocos segundos. Un hombre al que no había visto en mi vida me puso el brazo encima a modo de protección. Cuando el temblor paró, nos desplazamos hacia el patio de una casa baja que estaba enfrente de nosotros por miedo a que nos cayera algún objeto de los edificios colindantes.

Una vez en el patio, ya era consciente de lo que estaba sucediendo. Lo primero que quise hacer fue dirigirme al hombre que me había puesto el brazo encima, pero no fui capaz de encontrarle. Me sentí muy mal, porque había sido una reacción maravillosa que me hizo sentir reconfortada y segura, y nunca le pude dar las gracias por ese gesto.

Estuvimos en ese patio durante bastante tiempo, ya que hubo otras dos o tres réplicas. Alrededor había muchas personas. Al principio nadie hablaba pero el miedo en sus rostros lo decía todo. Después de unos minutos algunas personas empezaron a dirigirse a nosotros y a comentar lo que había pasado. Mi cerebro iba a mil por hora, analizando cada teja, cada poste de luz... Quería ser consciente y tener tiempo de reacción si caía algo. Pasado un tiempo prudencial sin que hubiera una nueva réplica, empezamos a movernos. Por las calles se veían templos caídos, coches enterrados por la caída de algún muro, muchas casas con grietas importantes y otras colocadas como si un gigante las hubiera movido hacia un lado. Las más antiguas estaban totalmente derrumbadas. En medio de la calle, abandonado a su suerte, estaba el mástil de las fiestas de Patan.

No se escuchaban sirenas de ambulancias o de la policía. No se veía ningún dispositivo de emergencia activado. La gente estaba reunida en las plazas esperando a que la tierra se calmara. Entre ellos estábamos nosotros, yendo de una plaza a otra hasta llegar a la plaza Durbar. Una vez allí nos dimos cuenta de la magnitud del desastre: había varios templos caídos, montañas de escombros, el aire lleno de polvo y gente intentando quitar esos escombros para sacar a las víctimas. Ahí vi las primeras ambulancias y los primeros militares, (aunque el número de efectivos seguía siendo ridículo viendo el tamaño de lo ocurrido y comparándolo con el número de dispositivos que se moviliza cuando pasa algo de mucha menor importancia en un país como España).

No fue hasta que vi sacar a varias personas de debajo de esos escombros, unos solamente heridos y otros sin vida, cuando fui consciente de la gran suerte que había tenido por no haber ido a visitar en primer lugar la plaza Durbar. Hasta entonces no había pensado absolutamente en nada y no había sentido miedo porque en el momento crítico estaban activados todos mis mecanismos de supervivencia. Pero después de ver esas imágenes y de darme cuenta de lo afortunada que había sido, afloraron las emociones. A todo eso se sumó que me llamó mi pareja y hablamos de lo ocurrido. Él me informó de las dimensiones del terremoto y a partir de ese momento estuvimos en contacto constante porque él me transmitía las instrucciones de la embajada.

Cuando llegamos a nuestro alojamiento hubo otra réplica y comprobamos lo seguras que eran sus paredes. No sufrieron ni una grieta. Recogí las cosas esenciales, y junto con la familia de los dueños y tres huéspedes más, nos fuimos a pasar la noche a una plaza cerca de la casa. La madre nos cuidaba como a sus propios hijos: no nos faltó comida, ni bebida, ni una manta o una almohada. Me sentía muy protegida y era un sentimiento maravilloso, porque después de lo ocurrido, y con todo ese desastre a mi alrededor, yo estaba muy agradecida de tener a una persona así a mi lado. Sabía que si permanecía junto a esa familia, nada malo iba a pasarme. Esa noche hubo réplicas pero parecía que lo importante estaba aún por llegar.

Al día siguiente nos fuimos a uno de los patios del Museo Nacional. Se veía una de las torres derruidas pero era un espacio abierto y parecía seguro. La gente empezó a organizar puestos de comida donde todo el mundo sacaba lo que podía de sus casas para que nadie se quedase sin comer. Se organizaron improvisadas tiendas de campaña, poco más que un plástico atado a dos postes y un árbol, divididas entre familias o vecinos. Cuando todo estaba en calma, el cielo se oscureció y empezó a tronar. Se estaba comentando que por la noche iba a haber una réplica muy fuerte, por lo que los voluntarios iban preparando a la gente, enseñando la postura de protección. Las señoras de mi alrededor estaban rezando. Rompió a llover. Nos acurrucamos como pudimos e intentamos dormir. Finalmente, y por suerte, la réplica fue pequeña.

Un día después, siguiendo instrucciones de la embajada, nos fuimos al aeropuerto. Mientras recogíamos nuestras cosas, la madre nos preparó el desayuno. Hasta el último momento me siguió sorprendiendo su capacidad de organización, su rapidez y su claridad a la hora de pensar en todos los detalles, más aun teniendo en cuenta las circunstancias en las que estábamos. Nos despedimos de ellos y les agradecí de todo corazón su trato. A día de hoy seguimos en contacto y les he preguntado en mil ocasiones si necesitan cualquier cosa. La respuesta siempre ha sido negativa, aunque a través de un amigo de una organización aceptan donativos para ayudar a los damnificados.

Siempre tendré palabras de agradecimiento para esa familia y para ese hombre anónimo que, con el simple gesto de rodearme con su brazo, me dio tanto.

Me doy cuenta de la gran suerte que he tenido, de no haberlo pasado mal en una situación tan complicada, y de no haber sufrido ni un rasguño. Por eso, cuando dejé a la familia y me subí en el avión, pensé en lo injusto, o la suerte, de haber nacido en un sitio y no en otro. Como yo me estaba yendo sentí que estaba huyendo y que tenía la suerte de poder hacerlo, pero me sentía mal. Muchos otros se quedaban atrás. La gente de ese país no podía abandonar sus casas, sus familias, su tierra... Había personas que estaban incomunicadas, lugareños y turistas que habían perdido a sus seres queridos o estaban malheridos, y yo, sin un solo rasguño, abandonaba el país.

Al llegar aquí y mirar a mi alrededor me parecía increíble que la gente viviera en esa realidad tan diferente. Iba en el autobús escuchando esas conversaciones tan banales y me parecía mentira que en un sitio la gente estuviera luchando por su vida tras haberlo perdido todo, y que en otro la gente se preocupara de qué zapatos comprarse.

Soy consciente de que si no hubiera vivido esta catástrofe en primera persona quizá sería como el resto de los extraños al terremoto: hubiera visto otro desastre más en las noticias, hubiera contribuido con alguna donación y todo habría acabado ahí. Pero esta vez esa noticia ha sido muy diferente porque yo formaba parte de ella.

Es verdad que el tiempo lo cura todo. Esa sensación de culpabilidad ha desaparecido, pero sí soy consciente de lo afortunada que he sido con todo lo ocurrido. Una vez más la vida me ha demostrado que soy una privilegiada por haber vivido esa experiencia de una forma tan liviana, por haber conocido a esas personas tan maravillosas que demostraron un comportamiento ejemplar en una situación tan extrema, y por vivir en un país en el que sé que no me va a faltar ni comida ni un techo donde cobijarme gracias, por supuesto, a las personas que me quieren.

No me olvido en ningún momento del pueblo nepalí, y aunque mi labor ha sido pequeña, muchos de mis amigos, y por supuesto mi familia, ya han contribuido con su granito de arena.

Quizá suene duro, pero me gustaría que algunas personas pasaran por una experiencia de este calibre, y no me refiero a la mía, sino a la de otros turistas con los que he hablado. Quizá así se darían cuenta de que con un poco menos de egoísmo la vida sería más bonita y fácil. Si gente de otros lugares del mundo conoce esta fórmula mágica, ¿por qué no nosotros?

NADIE ESTÁ A SALVO DE NADA
Mónica Larios (36 años)

Mi viaje a Nepal empezó a tomar forma en 2014, cuando me ocurrió una de esas cosas que en la vida lo cambian todo. Mi hermano falleció por una enfermedad con 34 años y eso me hizo empezar a ver la vida de diferente manera. Decidí que aquello que llevaba tiempo rondando mi cabeza no podía esperar y que tenía que hacer —o al menos intentarlo—, todo lo que me hiciera feliz. Llevaba tiempo pensando en hacer un tipo de viaje diferente, en el que además de descubrir otra cultura pudiera aportar mi granito de arena ayudando a quien más lo necesitara. Por eso, después de mucho mirar e informarme, decidí hacer un viaje de 19 días a Nepal, un viaje solidario y sostenible que no pude terminar debido al terremoto. La idea era alojarme con familias rurales de la zona, trabajar de voluntaria en una casa de acogida, realizar un taller de yoga en Pokhara, visitar el Parque Nacional de Chitwan… Pero todo se truncó cuando llevaba allí sólo seis días.

Había visitado Katmandú durante dos días. Otros los había pasado con una familia rural en el valle de Godavari y la tarde de antes del terremoto había llegado a la casa de acogida de Suni, de nuevo en Katmandú. Pasé la tarde con los niños y decidí que al día siguiente iría a comprar unas cosas que necesitaban con urgencia.

Por eso, el día del terremoto me encontraba en hora punta junto con dos de las niñas de la casa de acogida en la caja del supermercado para pagar todo lo que les había comprado. De repente noté algo así como si vinera el metro. Es la mejor manera que tengo de expresarlo. En cuestión de segundos pasaron por mi mente miles de cosas, entre ellas que no podía ser el metro, evidentemente. Noté cómo ese ruido se acercaba poco a poco y el suelo empezaba a temblar. Nos quedamos las tres mirándonos y salimos corriendo hacia la calle junto al señor de la caja. Una vez allí nos cogimos abrazados por inercia. Nadie nos dijo que hubiera que hacerlo, pero hicimos un especie de piña, no sé muy bien si para evitar caernos o para apoyarnos moralmente los unos a los otros. Estuvimos abrazados hasta que todo dejó de temblar. Se me hizo larguísimo. Pasado el temblor, me sentí responsable de las niñas y no sabía muy bien si volver a la casa o esperar. Tampoco era consciente en ese momento de lo que había pasado, y tampoco lo fui hasta bastante tiempo después. No soy una persona que se preocupe con facilidad, así que estaba bastante tranquila. Cuando creímos que el temblor había parado volvimos a la casa y pudimos comprobar que el resto de niños, la cuidadora y Suman, el director, estaban bien y en la construcción no parecía haber grandes desperfectos.

A partir de entonces fue todo un poco raro. Mi inglés no es muy bueno. Me costaba un poco comunicarme y había mucha incertidumbre en el ambiente. No parecía que el terremoto hubiera afectado mucho a la zona en la que estaba.

De hecho, horas más tarde nos fuimos a dar un paseo por las tiendas y la gente estaba por la calle y los comercios habían vuelto a abrir. Parecía que todo había vuelto a la normalidad. Yo no tenía ni idea de que las noticias ya habían llegado a España y que el centro de Katmandú y parte de su patrimonio estaban destruidos. Dos días antes yo había estado visitando esa zona que ya estaba en ruinas.

Pasamos la tarde entre paseos y en la calle sin hacer nada. Las líneas de teléfono no funcionaban, por lo que no pude comunicarme con mi familia hasta casi llegada la noche. Yo, totalmente ajena al desastre, empecé con un: «No sé si os habéis enterado del terremoto», sin saber que los pobres llevaban horas preocupados.

Esa noche y la siguiente las pasamos en la calle. La primera de ellas en el patio de la casa. Por motivos de seguridad salimos a un descampado para pasar la segunda. Con unos toldos y sábanas improvisamos un refugio para pasar todos la noche. Fue una noche muy dura. Tuvimos que aguantar la lluvia y parte de los niños acabaron volviendo a la casa a pesar de que no era lo más seguro.

Yo pretendía continuar con mi viaje. Seguía sin ser del todo consciente de la gravedad de la situación. Pensaba: «Sí, ha habido un terremoto, pero la vida sigue y hay que adaptarse a la nueva situación. Yo quiero seguir con mi viaje, quiero ayudar en lo que pueda». Hasta ese momento no me planteaba que tuviera que volver. Sin embargo, el lunes por la mañana vino a buscarme Surendra, el contacto en Nepal de Nuria Moreno, la persona que me había organizado el viaje. Venía a buscarme porque se había puesto en marcha el plan para sacarnos del país. A partir de ahí todo fue lento y rápido a la vez. Cuando me dijo que me tenía que ir no pude evitar que me cayeran unas lágrimas, pues entendí que la situación era grave y que tenía que volver para no hacer sufrir a mi familia. Me despedí de los niños y en apenas unas horas estaba en el punto de encuentro con el resto de españoles.

No puedo decir que mi situación haya sido extrema. Afortunadamente para mí y para toda la gente que estaba conmigo no sufrimos daños físicos, aunque psicológicamente los niños sí están bastante afectados, y ahora quedan por delante todas las tareas de reconstrucción. Gracias a Nuria Moreno estamos consiguiendo ayudar a la gente que forma parte de los programas de voluntariado construyendo refugios, comprando comida, etc.

Esta experiencia me ha servido para volver a darme cuenta de que la vida pasa y nadie está a salvo de nada. Hay que aprovechar el momento, hay que ser felices y disfrutar de las pequeñas cosas. Decir lo que se piensa, hacer lo que se siente. Ya lo pensaba antes y ahora lo pienso más que nunca.

Se me ha hecho difícil volver a la normalidad, volver a la comodidad de mi país, volver a mi trabajo como encargada en una tienda. Pero al final tienes que ser un poco racional y continuar con tu vida aunque te duela. Recordaré para siempre a la gente que se ha quedado allí y estoy haciendo lo posible para ayudarlos desde aquí. Eso, al menos, me reconforta.

LA FORTUNA DE VIVIR Y LA DETERMINACIÓN DE NO OLVIDAR

Melania Pérez Cabeza (41 años) e Iris Lara Felipe Muñoz (31 años)

Iris y yo teníamos un sueño común: ir a Nepal a ver el Himalaya. Aunque en principio pensábamos pasar nuestro mes de vacaciones entre este país y la India, desde que llegamos a Nepal su energía y sus gentes nos cautivaron y decidimos pasar el mes entero allí. Cumplimos nuestro sueño con creces y pudimos ver el

Himalaya cuando subimos hasta el campo base del Annapurna.

El 25 de abril ya estábamos de vuelta en Katmandú, después de 10 horas de viaje desde Lumbini, hasta donde habíamos ido después de estar en las montañas. Aquel día nos despertamos perezosas; no sabíamos si hacer algo más de turismo e ir hasta Bhaktapur o quedarnos por Katmandú y hacer algunas compras, pues ya se acercaba el final de nuestro viaje. Finalmente, decidimos dejar Bhaktapur para el día siguiente, pues queríamos darnos un masaje de piernas en algún centro después del esfuerzo de la caminata.

Estábamos por Thamel, donde nos hospedábamos. Entramos en una pequeña cafetería que estaba en los bajos de un hotel. Allí sólo estaba el personal nepalí y una pareja de turistas. Acabábamos de pedir nuestro desayuno –que nunca llegamos a tomar–, y charlábamos animadamente cuando lo empezamos a sentir. Yo noté que el suelo vibraba bajo mis pies. Ignorando que se trataba de un terremoto, llegué a pensar que por la calle pasaba algún camión de gran tonelaje; incluso iba a decirle a Iris que era increíble cómo se movía el suelo por su efecto, pero nunca llegué a decírselo, pues a los pocos segundos de aquel absurdo pensamiento, todo comenzó a moverse más mientras se oía un rugido profundo que salía desde el suelo y lo llenaba todo. Con pánico, veía cómo se movían las lámparas de la cafetería y cómo salían corriendo los empleados y la pareja de turistas mientras trataba de asimilar que lo que estaba viviendo era un terremoto. Nuestra reacción fue quedarnos dentro de la cafetería. Iris gritó que nos metiéramos debajo de la mesa, yo que fuéramos al marco de una puerta, recordando alguna película. Qué cosas se le pueden pasar a uno por la mente en cuestión de segundos. Metidas debajo de la mesa mirábamos hacia fuera desconcertadas. Veíamos a la gente corriendo de un lado a otro y un coche que estaba aparcado en la calle moviéndose. Las dos nos mirábamos con cara de no creernos que aquello nos estaba pasando de verdad. Pensaba en mi familia, en mis amigos, en todas aquellas personas que para mí son importantes. Quería llegar a casa y contarles que había cumplido mi sueño, que había visto el Himalaya, que las montañas son preciosas y que Nepal es alucinante. ¿Cómo podía acabar aquel viaje de aquella manera?

Cuando paró todo, Iris dijo algo así como que no íbamos a poder salir nunca de allí, y yo le pedí que no dijera eso. Volvieron a entrar los nepalíes que trabajaban en la cafetería. Hablaban entre ellos y se reían nerviosos. Nos pidieron que estuviésemos tranquilas. Yo, con una esperanza estúpida les pregunté si aquello era normal, si pasaba con frecuencia. Esperaba que me dijeran que Nepal es parecido a Japón y que aquello era frecuente pero me contestaron que no, que algo de aquella intensidad no ocurría nunca.

Salimos de la cafetería. Veíamos la impotencia en los rostros de la gente. Había cascotes por el suelo y edificios con grietas. Cuando por fin asimilé que no podíamos ir a ningún sitio y que iba a ser la Naturaleza la que decidiera por todos nosotros, nos acercamos a un solar próximo que estaba lleno de gente. Nos dimos cuenta de que teníamos que permanecer en lugares como aquél, despejados y lo más alejados posible de los edificios.

Estuvimos allí mucho tiempo durante en cual se fueron sucediendo las réplicas, abrazadas y abrazando a gente que no conocíamos, pues todo el mundo estaba ávido de unidad y contacto humano. No sentirse solo en aquellos momentos era primordial para conservar la calma. Comenzamos a hablar con una pareja de canadienses sobre qué hacer y una chica rusa que había estado en Nepal cinco veces nos dijo que conocía un parque cerca de Thamel, a sólo cinco o diez minutos de donde nos encontrábamos. La seguimos corriendo por aquel barrio de calles estrechas donde todo había cerrado y todo el mundo caminaba de un lado a otro desorientado.

Pasamos la primera noche al raso. Compramos provisiones en una tienda por si aquello se alargaba. Tomamos prestadas unas toallas de un hotel cercano al aparcamiento ajardinado donde estábamos. De camino encontramos una cafetería que tenía wifi y así pudimos contactar con nuestras familias y con nuestros amigos para tranquilizarles y decirles que estábamos bien. Mi hermano nos hizo llegar la dirección del consulado honorífico de España en Katmandú, adonde nos encaminamos al día siguiente después de una larga noche de réplicas y falta de sueño, en compañía de David, al que conocimos aquella noche en el parque y que se uniría a nosotras hasta el final del viaje.

En el consulado, que se encontraba en un hotel bastante lujoso, nos unimos a otros españoles hasta formar un grupo de diez. Hasta allí se acercaron otros dos españoles de la constructora San José. Nos indicaron que, si queríamos, podíamos ir a sus oficinas, pues parecían más seguras que el hotel donde nos encontrábamos y que allí estaríamos a salvo, dado que el edificio era prefabricado, de una sola planta y apenas se había movido durante el terremoto. Nos dejaron su número de teléfono y se fueron.

Aunque en el consulado nos trataron muy bien, nadie nos decía nada. Sólo nos daban refugio, agua y comida, y empezamos a ponernos nerviosas pues había más réplicas y queríamos ponernos en movimiento. Así que decidimos ir hacia el aeropuerto caminando. Al ver el caos que había allí, con gente intentando entrar al aeropuerto para salir de Nepal, atasco de coches parados y pitando, tiendas de campaña y grupos de personas sentadas por todas partes, llamamos a Iñaki, de la constructora, para saber dónde estaban y si podían darnos cobijo. No tardaron ni diez minutos en ir a recogernos en dos todoterrenos. Nos llevaron a las oficinas de la constructora, que serían habilitadas como punto de reunión para los españoles que se encontraran en Nepal y adonde se trasladó la cónsul de la embajada de España en la India. La tercera noche después del terremoto fuimos trasladadas en el avión del ministro de Asuntos Exteriores, en el segundo viaje de españoles que organizaba el gobierno español de Katmandú a Delhi. Ya en la India, usamos nuestros billetes para volver a España pues llegábamos a tiempo de coger nuestro vuelo a casa, dejando así nuestro lugar en el vuelo oficial a otras personas que lo pudieran necesitar.

Se me ha hecho tan difícil plasmar en tan poco espacio todo lo que ocurrió aquel día y todo lo que sentí, teniendo que prescindir de tantos detalles vividos, que he tenido que reescribir este relato unas cuantas veces. Me resulta imposible olvidar la reacción de los animales antes de cada réplica, a la pareja de ingleses a los que nos unimos durante la primera noche al raso, las risas con Iris, David, Raúl, Marta y Guille cuando aún no éramos conscientes de la magnitud del terremoto, los edificios y las casas que vimos destruidas, toda la gente que conocí durante esos días, la comida racionada, la falta de apetito y lo tenso que tenía el estómago, las oficinas de la constructora, el momento en que por fin pudimos hablar con los de casa, la prisa en la salida de madrugada hacia el avión, el aeropuerto aún lleno de gente, la incertidumbre, etc. Ya en India, David, Iris y yo intercambiaríamos impresiones. Teníamos infinidad de sentimientos encontrados sobre nuestra fortuna por poder salir de Nepal y el hecho de que los nepalíes tuvieran que quedarse allí, con el miedo reflejado en esos ojazos que tienen. Me vienen a la cabeza, sobre todo, los niños que vi en el camino. Lo siento muchísimo por ellos. Aún no he podido ver muchas imágenes de lo que pasó ni los destrozos que el terremoto causó, y siento profundamente y de manera muy cercana las noticias sobre los desaparecidos, tomando conciencia en algunos momentos de que podríamos haber sido nosotras. Sin embargo tuvimos la inmensa fortuna de encontrarnos en el lugar oportuno en el momento indicado. Se me eriza la piel pensando qué hubiera pasado si en lugar de descansar en Katmandú se nos hubiera ocurrido ir finalmente a Bhaktapur, ciudad medieval que quedó devastada, o si hubiéramos estado aún por las montañas.

Después de haber sabido lo que pasó, me siento afortunada de estar viva y haber podido volver con los míos. Soy consciente de la suerte que tengo por vivir e intento no preocuparme ni quejarme por nimiedades después de lo que al pueblo de Nepal le está tocando vivir. No sé si he cambiado, dado que la rutina diaria hace que todo tienda a normalizarse, pero vuelvo allí cada vez que alguien me pregunta o se menciona Nepal. Siento aquello como algo mío; supongo que por todo lo vivido. También allí comenzaron a despertarse ciertos instintos que hasta ahora habían permanecido dormidos, pero que según relaciono la palabra «Nepal» con «terremoto», «niños» y «vida», cobran aún más fuerza. Sin embargo aún no soy capaz de hablar de ellos abiertamente ni sé si seré capaz de materializarlos algún día, y aunque son muy bonitos sigo meditando sobre ellos e intentando colocar esos sentimientos en el lugar adecuado, aunque no logro aquietar la mente. Quizá cuando hable de ello sin miedo ni vergüenza acabe lográndolo.

No quiero olvidar la perspectiva de apertura, aceptación, agradecimiento y fortuna que me brindó mi viaje a Nepal, así que de alguna manera necesito sentirme allí y contribuir como pueda. Es como si le debiera la vida a aquel país, así que he hecho donaciones a varias ONGs y he colaborado en acciones que se han llevado a cabo para reunir dinero. Incluso organicé mi propia colecta entre familiares, amigos y conocidos, empleando un bote de aceitunas que adorné con banderitas de oración, para hacer llegar el dinero a algunas organizaciones que trabajan en Nepal. Además, también quiero apadrinar.

Me alegro de esta oportunidad de poner un granito de arena solidario en este libro, una bonita forma de hacer llegar ayuda a quienes tanto lo necesitan. Creo que es lo menos que podíamos hacer.

Lo único que me queda por escribir aquí es pedirle a

usted que me está leyendo que, en la medida que le sea posible, contribuya a hacer llegar ayuda y se solidarice con Nepal. Hay muchas y distintas formas de hacerlo. Busque información. El camino para que Nepal se recupere de dos terremotos prácticamente seguidos va a ser largo y lento, así que, por favor, aunque transcurra el tiempo y ya no salga en las noticias, no nos olvidemos de este país lleno de paisajes increíbles y gente tierna y amable, con una sonrisa permanente de ojos rasgados.

UN FINAL ATERRADOR PARA UNOS DÍAS MAGNÍFICOS EN NEPAL
Marta Caminal (32 años)

He pasado unos días magníficos en Nepal, disfrutando de sus mágicos paisajes cerca del techo del mundo y de su gente cálida y amable. Hoy, después de diez días de excursión para alcanzar el campo base del Annapurna, estoy en Katmandú, y me levanto temprano para ir a visitar algunos de los rincones que ofrece la capital de Nepal.

Visito Pashupatinath, donde me quedo con una sensación muy extraña en el cuerpo, como si hubiera estado profanando la privacidad, el dolor de las familias que están incinerando a sus seres queridos. Son imágenes y olores que no voy a poder borrarme de la memoria. Con esta sensación subo al taxi acompañada de Devi, mi gran amigo nepalí, y nos dirigimos hacia Bhaktapur. Estamos todos callados, reviviendo las imágenes recientes, mirando la carretera, y de pronto algo nos arranca de ese estado hipnótico. El coche empieza a ir de un lado a otro de la carretera sin ninguna razón aparente.

Lo primero que pienso es que se ha estropeado, pero una vez que el conductor lo frena, observo que las motos empiezan a caer al suelo y todo sigue moviéndose. Instintivamente abro la puerta del coche para salir corriendo, pero algo está pasando: el suelo se mueve de una forma extremadamente violenta y no consigo mantenerme de pie. Me sujeto a la barandilla que tengo justo al lado, pero sigo sin entender qué sucede. Escucho un rugido y tengo la sensación de que algo me está aplastando la cabeza, la presión quizá, hasta que escucho a la gente chillar: «¡Earthquake, earthquake!», y es entonces cuando por fin me doy cuenta de lo que está pasando.

En ese momento comienzan a circular por mi cabeza imágenes de carreteras abriéndose, edificios derrumbándose y puentes partiéndose en dos, alimentadas evidentemente por la industria cinematográfica. Estoy viviendo una película de Hollywood, de ésas que están de moda desde hace unos años, apocalípticas y terroríficas, pero de una forma más perturbadora.

Por suerte siguen funcionando las telecomunicaciones y puedo comunicarme con mi familia y avisarlos de que, de momento, estoy bien. Ana, que sí ha vivido terremotos, empieza a mandarme información: precisa que ha sido un terremoto de 7,9 grados y a una profundidad de 10 km, pero yo no entiendo nada, no sé qué significan todos esos números. Le pido explicaciones y me dice que esté preparada ante posibles réplicas que pueden ser más fuertes que el propio terremoto, que compre agua, comida y una linterna para poder sobrevivir. En ese momento me entra el pánico; pienso que voy a morir, que no puede ser que haya un terremoto más fuerte del que ya he vivido, y de repente llega otra réplica. Intento calmarme y convencerme de que estoy en un sitio seguro, que no hay edificios altos y que por suerte no habíamos llegado aún a Bhaktapur. Cada pocos minutos vuelve a moverse el suelo, y cada vez que siento esos movimientos pienso que ha llegado mi hora. Nunca he sentido la muerte tan cerca. Tanto

Devi como el taxista consiguen hablar con sus familias. Por suerte todos están a salvo.

Después de varias horas en la carretera intentando conseguir agua y más información sobre el terremoto, sin saber qué hacer, qué pensar, y sin que el pánico desaparezca, decidimos cambiar de lugar. Según la radio local y las informaciones que me llegan desde casa, el sitio donde me alojo está en un lugar seguro donde no han caído muchos edificios, pero la situación es alarmante y la cifra de muertos no para de aumentar. Subimos al coche y a los pocos minutos la tierra vuelve a temblar. Parece una pesadilla. Los temblores no se acaban nunca. Estoy muy asustada, así que prefiero ir andando hasta el hotel con Devi, que no me deja sola en ningún momento. Después de varias horas andando y viendo imágenes desoladoras de hospitales colapsados con todos los heridos fuera del edificio, la carretera destrozada por donde no pueden pasar coches, edificios derrumbados, cristales rotos y postes de electricidad caídos encima de los coches, por fin llegamos al hotel.

Es un hotel de dos pisos y con una terraza grande. Hay bastante gente, ya que es uno de los únicos que ofrece comida y bebida. No tengo hambre pero aprovecho para comer algo por miedo a no encontrar comida después. Las horas pasan muy lentamente y, cada vez que hay un temblor, el pánico me recorre el cuerpo de arriba a abajo. Llega la noche y con ella el frío, pero no me siento segura en la habitación, así que prefiero dormir fuera del hotel, en una silla y tapada con el saco. Sin embargo, no tengo sueño. Vuelvo a la habitación, pero tomo todas las precauciones: la puerta abierta, la mochila con la bebida y la comida al lado, las botas de montaña y la ropa puestas. Me tumbo y sigo sin poder dormir; estoy demasiado inquieta. A los pocos minutos se siente otra sacudida y escucho a Devi gritando: «¡Marta, earthquake!» Salgo corriendo de la habitación, y una vez la tierra deja de temblar, pruebo a descansar en la recepción del hotel. Al menos allí estoy más cerca de la salida.

Pasan las horas y siguen los temblores. Mi única esperanza es que tengo el vuelo de salida de Katmandú esa misma tarde. Por la mañana nos informan de que, aunque el aeropuerto está sumido en el caos, están saliendo algunos vuelos y eso me tranquiliza. No me muevo del hotel. Me gustaría ir a ayudar, pero no puedo. El miedo me paraliza y las horas parecen arrastrarse. A mediodía hay otra sacudida muy fuerte y todos estamos muy asustados, escondidos debajo de las mesas y gritando. Estoy aterrorizada y muy cansada. Finalmente, después de una eternidad, llegan las 16.00 h y el taxi nos espera en la puerta. Devi me acompaña y una vez en el aeropuerto nos despedimos muy emotivamente. Le deseo toda la suerte del mundo.

He llegado al aeropuerto cuatro horas antes del vuelo, así que toca esperar. Hablo con mi familia y les digo que la pesadilla está a punto de acabar, que en breve voy a coger el vuelo de salida de Nepal hacia Malasia para seguir el viaje. Mi padre me dice que ha hablado con la embajada española en la India y que me apunte una dirección donde están reuniendo a todos los españoles. La apunto, aunque pienso que realmente no va a servir de nada porque mi avión sale hoy y pronto estaré aterrizando en Kuala Lumpur. Pasan las horas y por fin indican la fila para realizar el registro del vuelo, así que con mucha alegría, cojo la mochila y me pongo en la cola. De repente, un mensaje de móvil trastoca totalmente mis planes. La compañía aérea me informa de que el vuelo ha sido cancelado y que restablecerán el servicio lo antes posible.

No puedo más. El cansancio y el miedo vuelven a mi cuerpo. Me derrumbo totalmente, y después de llorar durante un largo rato puedo comenzar a pensar. Recupero el papel donde había anotado la dirección, ése que pensaba que no me iba a servir para nada, y me voy en busca de un taxi para que me lleve adonde están reuniendo al resto de españoles. Allí me reencuentro con Fernando. Le conocí durante la ascensión al campo base y pasamos muy buenos momentos. Me alegro de volver a encontrarme con alguien conocido. Después de comer y beber agua nos vienen a buscar de la constructora San José para llevarnos a sus oficinas. Lo tienen todo aparentemente bien organizado. Esperamos con mucha paciencia las novedades sobre el avión que sale de la India para recogernos. Son largas horas, días interminables. No puedo describir tanta angustia, tanta impotencia ante esta catástrofe, el trauma de saber que he estado cerca de la muerte. Finalmente llega ese avión tan esperado.

Ahora, ya en Barcelona, cada vez que siento el metro temblando bajo mis pies no puedo dejar de pensar en el miedo que sentí, en cómo la vida puede cambiar de un segundo a otro, en los nepalíes que, con todo lo que han sufrido, no han dejado de seguir adelante, y sobre todo, en la suerte que tengo de estar viva.

AFORTUNADOS Y RENACIDOS
David de Dios (37 años) y Rosa María Para (37 años)

El 25 de abril de 2015 volvimos a nacer todos los que estábamos en Katmandú. La sensación de terror en el momento del terremoto creo que sería más o menos la misma para todos, pero cada uno tenemos nuestra propia historia para contar.

Aquí va la nuestra.

Habíamos llegado a Katmandú el 21 de abril. Era la segunda vez que yo visitaba Katmandú, y como la vez anterior, había sido por motivos de trabajo. Un año antes había estado allí mes y medio. En esta ocasión la estancia se esperaba más larga, de unos 3 meses, por lo que Rosa, mi pareja, se había animado a venir conmigo.

Nos hospedamos en el hotel Everest hasta encontrar una vivienda. Yo empecé a trabajar el mismo día que llegamos y Rosa fue muy bien recibida por las mujeres de los compañeros de la empresa, por lo que estaba muy contenta. Además había mirado ya una ONG para colaborar y una academia de Inglés para perfeccionar el idioma. Las primeras impresiones sobre la ciudad fueron muy buenas. Todo apuntaba a que sería una estancia fenomenal, mucho mejor de lo que hubiéramos intuido antes de ir, pues la decisión de salir a trabajar a un país tan distinto y lejano no es fácil de tomar.

La empresa nos buscó vivienda y, el día anterior al terremoto, el 24 de abril, estuvimos viendo nuestra futura casa. La idea era trasladarnos allí el domingo 26. Se trataba de un complejo fantástico, bien ubicado, con todo tipo de servicios e infraestructuras, formado por unas torres de catorce pisos. Y, por supuesto, en ese momento no nos paramos a pensar en la posibilidad de un terremoto o en la peligrosidad de vivir en un piso alto.

Ese viernes nos fuimos a dormir tranquilos y con la ilusión puesta en la que iba a ser nuestra vivienda en un lugar a tantos y tantos kilómetros de nuestro verdadero hogar.

El sábado es el día de descanso semanal en Nepal, de modo que nos levantamos tranquilamente, desayunamos y nos preparamos para visitar alguna de las muchas zonas históricas de la ciudad.

En principio pensamos ir al centro, pero aprovechando que Patán quedaba cerca, un poco más al sur del hotel, decidimos visitar esa zona.

La primera idea para llegar hasta allí fue ir andando pero le preguntamos a la recepcionista de nuestro hotel y nos indicó que el camino era muy largo para hacerlo a pie, por lo que decidimos ir en taxi. Estas decisiones que parecen banales, como la de elegir ir a un sitio en lugar de a otro, o ir andando o en taxi, son las que nos situaron en un lugar concreto en el momento preciso del gran terremoto, con la importancia que conlleva ya que ésa puede ser la diferencia entre vivir o morir.

Serían las 11.45 h más o menos cuando el taxi nos dejó en la entrada de Patan. Compramos las entradas y las acreditaciones para acceder a la zona histórica en una caseta y nos dispusimos a disfrutar de un día de visitas a la gran cantidad de templos y *viharas* (lugar de recogimiento de los monjes budistas) que posee esta zona de Katmandú.

Fuimos caminando hacia el centro histórico, y fue curioso porque, cuando llevábamos andados 500 metros, casi me caigo en una alcantarilla que tenía la tapa rota. Pisé mal pero me dio tiempo a poner el siguiente pie en firme. «Vaya susto», pensé. Creía que ya había tenido el sobresalto del día, pero lo peor estaba aún por suceder.

Estábamos llegando a una plaza pequeña cuando un perro empezó a seguirnos. A Rosa le dan miedo los perros y empezó a ponerse nerviosa, por lo que decidió meterse en una tienda para evitarlo. Era una tienda de recuerdos de metal, muy pequeñita y repleta de vitrinas en las que había colocadas innumerables estatuillas para su venta.

Fue entonces cuando, mientras intentaba espantar al perro y animaba a Rosa a salir de la tienda para continuar hacia la zona histórica, noté una pequeña vibración en los pies; duró unos tres segundos. De repente llegó el terremoto y, con él, el caos. La tierra empezó a moverse de un lado para otro, y en ese mismo momento me di cuenta de que era un terremoto. Le grité a Rosa que saliera de la tienda para que no se le cayera encima, y a la vez intenté buscar un sitio donde pudiéramos refugiarnos en caso de que se cayeran los edificios. Ella se quedó bloqueada y tardó unos momentos en reaccionar.

–¿Qué pasa? –me decía, y yo insistía:

–¡Es un terremoto, sal!

Por fin me hizo caso, y el sitio más cercano y seguro que vi para ponernos a salvo fue el centro de la pequeña plaza. A pesar de que el espacio era reducido y los edificios que la rodeaban eran bastantes altos, no teníamos otro sitio adonde ir ni conocíamos la zona, y moviéndose todo como se movía y siendo las calles tan estrechas, era peligroso desplazarse.

Nos dirigimos entonces al centro de la plaza como pudimos, ya que todo seguía temblando. La tierra se movía de un lado para otro con fuerza y costaba mucho andar. Había motoristas por el suelo derribados por la sacudida. Los edificios culebreaban, las ventanas se abrían y cerraban. La sensación de desequilibrio y mareo, creo que debida a que los edificios se movían como si fuesen de papel, fue muy desconcertante y angustiosa. Pero lo peor era la gente corriendo, gritando, intentando ponerse a salvo. Todo era caos y miedo.

Rosa me pedía que la abrazase y no la soltase. Seguía saliendo gente de los edificios. Vi a varias mujeres con sus hijos en brazos escapar a toda prisa para salvar la vida, a la vez que las puertas y las ventanas golpeaban con fuerza. Parecía una película de terror.

Aguantamos abrazados en el centro de la plaza un buen rato. Los edificios eran altos y, si se caían, lo más probable era que nos alcanzaran, aunque no sabíamos hasta qué punto, ni queríamos pensar en ello. Estábamos aterrorizados y paralizados por el pánico. Nos daba miedo morir y más incluso quedarnos atrapados bajo los escombros. Intentábamos desechar esos pensamientos de la mente inmediatamente, porque si no nos hubiéramos hundido. El terremoto duró menos de un minuto y, cuando acabó, nos invadió una sensación de alivio, a pesar de que nos seguían temblando las piernas, un temblor del que con el movimiento de la tierra no habíamos sido conscientes. Intuíamos que aún no estábamos completamente a salvo.

De repente todo se quedó en relativa calma. La gente nepalí estaba más tranquila. No sé si sería por su naturaleza o por su fortaleza, pero realmente estaban más serenos que nosotros.

Ya con algo más de calma y aún parados, no sabíamos qué hacer. Quedarnos allí nos parecía un peligro en caso de que el seísmo se repitiera, pero no nos decidíamos a movernos por desconocer hacia dónde ir, pues acabábamos de llegar y no sabíamos ni dónde estábamos. No conocíamos absolutamente nada de los alrededores. En ese momento nos dimos cuenta de que éramos los únicos turistas que había en la zona, y fue una sensación de soledad inmensa, de percibir que sólo nos teníamos el uno al otro.

Preguntamos a la gente de nuestro alrededor, pero únicamente algunos nepalíes hablaban inglés. Nos dijeron que no había habido ningún terremoto igual desde hacía 80 años. En ese momento entendimos que había sido grave, que ni ellos mismos habían vivido algo así. Preguntamos cómo ir otro sitio más abierto, donde no hubiera edificios tan cerca, y nos indicaron una plaza que había al otro lado y a la que se accedía por una especie de pasadizo, pero no veíamos la plaza ni que la gente se moviera hacia allí, así que continuamos en el mismo sitio. Fue la hora más eterna que hemos vivido jamás.

Tengo algún conocimiento de terremotos, con lo que sabía que iba a haber réplicas. Lo que no sabía era cuándo, ni cuántas, ni de qué tamaño. Se lo advertí a Rosa para que cuando vinieran estuviese preparada; que iba a haber réplicas pero que serían menores que el terremoto vivido.

Tuvimos la suerte de poder contactar enseguida con nuestras familias vía *whatsapps*. Aunque las líneas se caían y los mensajes tardaban en enviarse, al menos pudimos comunicarles que nos encontrábamos bien. Fue muy importante poderles tranquilizar desde el primer momento, debido a la magnitud de la tragedia y a que las noticias no tardarían en llegar a España.

Una hora antes, habíamos estado mandando fotos panorámicas de la ciudad a los amigos. En ellas se veía una ciudad tan diferente a la que en ese momento teníamos delante... Ante algo así, te das cuenta de que la vida te puede cambiar en cuestión de segundos.

El miedo no se nos iba del cuerpo porque de cuando en

cuando notábamos pequeños movimientos, réplicas más reducidas del primer terremoto. Pero no fueron a más hasta que al rato, cuando habría pasado una hora, llegó la réplica grande. De nuevo empezó a cundir el pánico, la gente corría sin saber hacia dónde, te llevaban por delante... Se repitieron las sensaciones del primer seismo, y aunque éste fue menos intenso, nos pareció grandísimo, quizá porque ya teníamos metido en el cuerpo el susto del anterior.

Cuando acabó esta réplica no nos dejaban de temblar las piernas. El miedo y el pánico se habían multiplicado por dos. Un susto, vaya, pero cuando sientes que esto no ha terminado, y lo que es peor, no sabes cuándo volverá, es muy angustioso. Un accidente es un accidente, pasa y ya está, pero esto es impredecible y sabes que se va a repetir, pero no sabes cuándo. Ahí me di cuenta de la fuerza de la Naturaleza. Somos una cosa insignificante en manos de esas fuerzas. Contra ellas poco puedes hacer, sólo protegerte como y hasta donde puedas.

Por otro lado pensaba que estaba en una película; una película de terror en la que nosotros éramos los protagonistas. Era una situación surrealista y tan impactante... Estábamos recién llegados, sólo llevábamos cuatro días allí, en un país muy diferente, con otro idioma, rodeados de gente que no conocíamos.

Como veíamos la situación muy mal decidimos probar a ir a la otra plaza, pues tampoco tenía mucho sentido seguir allí quietos. Fue un balón de oxigeno, ya que la nueva plaza era mucho más abierta, con lo que los edificios no llegarían hasta nosotros si se derrumbaban, y en el centro sólo había un pequeño templo y unas estructuras metálicas y farolas. La situación de peligro continuaba, pero ya de otro modo. Por primera vez pensé que saldríamos de allí.

Fue en esta plaza donde vi bajar a ancianos y heridos en camillas improvisadas. No queríamos ni mirar.

Aunque ahí temiéramos menos el posible derrumbe de los edificios, el estado de alerta continuaba y no podías dejar de estar pendiente de las estructuras metálicas. El suelo seguía temblando cada cierto tiempo, así que el miedo en ese momento era a que el suelo se abriera y se nos tragara.

Nos pusimos en contacto con los compañeros de San José y todos estaban bien. Decidimos que lo mejor era que nos reuniéramos todos en las oficinas que teníamos en el aeropuerto, ya que la estructura era baja y el peligro mucho menor, pues se encontraban en un espacio abierto alrededor y sin edificios por si la tierra temblaba de nuevo.

En la segunda plaza permanecimos cinco horas. Los temblores eran menores y más espaciados pero no nos atrevíamos a salir de allí ni sabíamos cómo hacerlo. Suponíamos que no habría ni taxis ni medios para irnos.

Durante esas cinco horas me gustaría resaltar la atención y los cuidados de todos los nepalíes que teníamos alrededor. Nos dieron fruta, agua; una chica se quitó una manta para dejársela a Rosa, le regalaron un poncho para mitigar el frío, una señora no la soltaba de la mano dándole apoyo y ánimos... Ellos estaban pasando lo mismo que nosotros y, sin embargo, estaban más pendientes de que nosotros nos encontráramos «protegidos» que de ellos mismos. Todo un ejemplo de humanidad.

La generosidad de los nepalíes no quedo ahí. Pronto empezaría a anochecer y nos vieron tan agobiados y sin saber qué hacer, que un nepalí que había estado sentado con su familia muy cerca de nosotros se ofreció para sacarnos de allí a los dos en moto, arriesgando su vida y sin querer nada a cambio. La verdad es que nos resultaba duro permanecer allí, aunque fuera menos peligroso, pero salir de allí suponía atravesar las calles estrechas, con el consiguiente peligro de que se cayeran los edificios si todo se ponía a temblar de nuevo.

Al principio dudamos, pero acabamos aceptando su generosidad por la desesperación que teníamos. Nos subimos los tres en la moto y el chico nos sacó a duras penas de allí. Los tres en una sola moto, y pasando por zonas donde todo estaba lleno de cascotes, escombros, desolación... Pensé varias veces que nos íbamos a caer, pero eso ya no me asustaba, ¡queríamos salir de allí!

Nunca le podremos agradecer lo suficiente el habernos sacado de aquel horror, y aunque algo así no se paga con dinero, se lo dimos igualmente, un dinero que él se negaba a coger, lo cual nos pareció increíble, con la falta que les hace, y más en aquellos momentos.

Cuando llegamos al hotel, situado en una avenida grande, la situación era la misma que ya conocíamos. La recepción era un caos de gente que quería irse, salir de allí cuanto antes.

Aparentemente el hotel no había sufrido muchos daños. La peor parte se la había llevado la entrada. Las escaleras estaban deformadas y había cristales y azulejos rotos por todas partes. La habitación sólo tenía unas pequeñas grietas y algún objeto en el suelo a pesar de ser una sexta planta.

Cogimos el pasaporte y las maletas, que teníamos preparadas para mudarnos al día siguiente, y salimos a buscar un taxi, pues estaban funcionando a pesar de todo. Era increíble ver cómo los nepalíes se sobreponían a la adversidad. Le pedimos que nos llevara a las oficinas de la constructora San José. En el camino hacia allí no apreciamos demasiado el desastre que se había producido.

Ya en las oficinas y con todos los compañeros, la sensación fue por fin de mucha más calma y seguridad.

Esa noche dormimos en el suelo, de cualquier manera, ya que no teníamos colchones ni mantas. Nos despertamos a las 5.00 h con una réplica tan fuerte que las casetas vibraban y se movían. Salimos a la calle y la sensación de mareo volvió a hacerse constante. Costaba mantenerse en pie, firmes.

A partir de ahí la situación fue esperar a que nos sacaran de allí y salir a la carrera de las casetas cada vez que volvía a temblar la tierra. Perdí la cuenta de las réplicas que hubo. Teníamos comida y agua suficiente, pero no había muchas ganas de nada. Las horas se hacían eternas; no había mucho que hacer; en la cabeza teníamos la idea fija de irnos de allí y asimilar lo que nos estaba ocurriendo.

También había Internet, lo cual fue de gran ayuda para mantener tranquilos a los nuestros, pues estaban viendo por televisión la catástrofe tan grande que había ocurrido.

De ahí para adelante no hay mucho más que contar y para todos fue igual. La embajada y nuestro país nos sacaron de allí, cosa que es de agradecer.

En aquellos momentos nos sentimos afortunados de vivir en un país como España, porque la sensación de salida fue como de huida, y ni la gente ni el lugar se lo merecen. Si algún día se nos pasa el miedo volveremos pues tenemos mucho que agradecerles.

Para finalizar nos quedamos con una frase que nos dijo un nepalí a los diez minutos del terremoto. Al comentarle la mala suerte que habíamos tenido de que nos pillara en Katmandú algo que no había ocurrido en 80 años, a nosotros que no éramos de allí y que habíamos ido para tan poco tiempo, su respuesta fue que habíamos sido afortunados, pues si hubiéramos estado en la plaza a la que nos dirigíamos probablemente estaríamos muertos debajo de los escombros, ya que los templos que íbamos a visitar se habían derrumbado.

Y tenía razón porque así nos sentimos: afortunados y renacidos.

CUANDO CELEBRAR LA VIDA TIENE UN SABOR AGRIDULCE
Shanti (29 años)

Preferimos no dar nuestros nombres pero sí queremos compartir con vosotros nuestra experiencia en Asia. Yo soy española y mi pareja es de Irlanda. Ambos empezamos nuestro viaje en agosto de 2014. Ha sido nuestro sueño y hemos trabajado por él durante muchos años. Finalmente lo conseguimos; dejamos nuestros trabajos y nos despedimos de nuestras familias y amigos para comenzar nuestra aventura.

El 21 de abril llegamos a Katmandú. Nuestro plan era asistir a un festival de música llamado *Universal Religion* que empezaba el viernes 24 de abril. Por alguna extraña razón, el jueves 23 decidimos no asistir al festival y explorar la ciudad durante el fin de semana. Cuál fue nuestra sorpresa cuando el viernes nos informaron de que el gobierno quería suspender el evento por cuestión de licencias. Al final los organizadores tuvieron que posponerlo un día.

El día 25 de abril el epicentro del terremoto fue en Gorkha, el lugar donde el festival se iba a celebrar principalmente, y que por supuesto sufrió graves daños.

Ese día mi pareja y yo nos encontrábamos en el cuarto piso de la casa de huéspedes en la que nos alojábamos cuando comenzó el terremoto. Tuvimos mucha suerte de no estar muy lejos el uno del otro, pues rápidamente pudimos acercarnos el uno al otro y esperar juntos a que acabara. Lo primero que pensé fue que necesitaba estar cerca de mi pareja. Inmediatamente pensé en mis padres, en lo mucho que los quiero. Deseé que no nos pasara nada porque ellos sufrirían mucho. Al comprobar que el temblor no cesaba pensé por un segundo que quizá no saliéramos de ésa. Me acordé del día anterior. Había sido un día muy bonito para haber sido el último de mi vida. Lo habíamos pasado muy bien pues habíamos estado bailando toda la noche. Entonces el temblor cesó.

Mantuvimos la calma en todo momento. Volvimos a nuestra habitación a por los pasaportes y ropa de abrigo. El edificio se mantuvo en pie pero tenía una raja en el medio. Salimos a la calle y empezamos a caminar y a hablar con la gente. Nos encontramos con personas que habíamos conocido la noche anterior y que iban de camino al festival. Incluso vimos a una chica a la que habíamos conocido en el sur de la India. Todo el mundo andaba sorprendido e impaciente, esperando una posible réplica que ocurrió unos minutos después. Lo que nadie se imaginaba era que serían tantas y durante tanto tiempo.

Rápidamente llamé a mis padres para explicarles lo que había pasado. Teníamos dificultades para encontrar conexión y mantener informadas a nuestras familias. No había wifi y la línea del teléfono no funcionaba correctamente, y además no había electricidad. Sorprendentemente, dado que la noticia fue conocida en todo el mundo en cuanto ocurrió, la gente que estaba fuera de Nepal tenía más información de lo que estaba ocurriendo que los que estábamos dentro del país. Nosotros permanecíamos aislados, esperando e intentando mantenernos fuera de peligro. Finalmente pude hablar con mi madre y pedirle que no se preocuparan.

Poco a poco, a medida que pasaban las horas, nos íbamos dando cuenta de la magnitud de la catástrofe. Después de andar durante unos 15 minutos encontramos unos jardines bien grandes. Eran de la oficina del vicepresidente nepalí. De nuevo la suerte permanecía con nosotros puesto que habían celebrado allí algún acto para el que habían usado cuatro carpas gigantes que aún no habían desmontado. Ése sería nuestro hogar durante las siguientes dos noches. Allí estábamos seguros puesto que no había edificios alrededor. Durante la segunda oportunidad que tuve de hablar con mi familia me informaron de que la embajada española había organizado un punto de encuentro de españoles en el hotel Dwarika's, pero no fuimos porque sabíamos que en el jardín estábamos seguros.

Justo enfrente de los jardines donde estábamos había dos cafeterías abiertas. Eran los pocos negocios que no habían cerrado y nos salvaron porque vendían agua, pan, fideos, café, té y galletas. Cada vez que salíamos a la calle, las autoridades nos aconsejaban mantenernos alejados de los edificios, puesto que había riesgo de réplicas e incluso de otro gran terremoto.

El día posterior al terremoto nos informaron de que el gobierno había dispuesto diez lugares en la ciudad donde daban comida, así que decidimos ir a uno de ellos. El más cercano a nosotros era el campo de fútbol. Anduvimos durante 20 minutos. Nos mantuvimos siempre en el lado de la carretera, como todos los peatones, alejados de cualquier edificio. En la cola para la comida conocí a una chica nepalí que me contó que toda su familia estaba viva pero que habían perdido su casa. La chica se lamentaba por nosotros, por el hecho de que estuviéramos viviendo esa catástrofe tan lejos de nuestros familiares. Esto me paralizó. Me volvió a demostrar que la esencia real de la vida está en las personas que nos rodean, en nuestros seres queridos y en los que son importantes en nuestra vida.

Definitivamente, fueron las personas que conocimos las que hicieron la situación mucho más llevadera. Conocimos a familias nepalíes y también a muchos viajeros. Mientras estábamos en el jardín compartimos la comida y el agua, narramos nuestras experiencias, tocamos música, jugamos con los niños e hicimos talleres de diademas de flores. Esperar era lo que único que podíamos hacer para mantenernos a salvo. Poco a poco iba llegando gente con sus tiendas de campaña, sus palos y trozos de plástico para resguardarse de la lluvia. Fui a la tienda y compré la última botella de agua mineral que tenían a la venta. Ya no había tantas galletas y habían subido los precios.

La segunda noche llovió mucho. No cabíamos todos en las carpas. Empecé a recopilar información, a reflexionar y a sentirme como un estorbo pues estaba utilizando los pocos recursos disponibles.

Al amanecer del tercer día decidimos ir al hotel Dwarika's junto con otras dos chicas españolas que habían dormido junto a nosotros la noche anterior. Esa misma noche fuimos evacuados a Delhi.

Desde entonces permanecimos en el norte de India, esperando a que las réplicas cesaran para poder volver y ayudar de alguna manera. Después de 156 réplicas, el 12 de mayo los nepalíes sufrieron otro terremoto de 7,3 grados.

Estamos vivos y nos sentimos muy afortunados por ello, pero la celebración de la vida tiene un sabor agridulce después de esta experiencia, puesto que muchos otros no se han salvado. Por otra parte, hay algo que he vuelto a aprender desde el terremoto: a disfrutar de cada día como se merece, a tener ganas de vivir y de ser feliz. El día que muera me gustaría volver a pensar que el día anterior ha sido muy bonito y que ha merecido la pena estar viva. Viva, disfrutando de una existencia que es tan valiosa como nuestros seres queridos.

Ésta es nuestra historia, aunque aún no ha terminado puesto que hemos vuelto a Nepal. Hemos estado investigando y participando en muchos proyectos. Cuando escribo estas líneas estamos en Bhattedanda ayudando a reconstruir una aldea con una organización que trabaja con bambú y materiales naturales. Conservamos las fuerzas y mucha ilusión. Es impresionante ver a tantos voluntarios nepalíes y extranjeros manos a la obra, con mucha motivación y trabajando intensamente. Al igual que en Katmandú, aquí hay mucha gente movilizada y ocupada en proyectos para levantar de nuevo las vidas de aquéllos que, pese a sobrevivir, fueron afectados. Nepal es un país increíblemente especial, como también lo es su gente, y estoy orgullosa y feliz de haberlos conocido y poder ofrecer mi ayuda. Escribir este relato y que tú hayas comprado este libro es también una forma de ayuda a Nepal. Por tanto, gracias.

Capítulo 5

CUANDO SE BORRARON LOS CAMINOS DEL HIMALAYA

SENDERISTAS

NI RASTRO DEL SUPERHÉROE
Resflo (31 años)

Hacía sólo unos días un colega me preguntaba:
—Oye, pero esto del terremoto de Nepal… ¿te ha cambiado en algo la vida? Un «sí» con dudas salió de mi boca. Sólo espero que sí me haya cambiado en algo la vida. En muchos sentidos.

Siempre que veía los desastres en televisión pensaba si allí tendría el valor y la sangre fría de ayudar en los momentos más complicados, de entrar en ese edificio ardiendo para salvar a una abuelita de las llamas o escalar un muro para poner a salvo a un niño indefenso de un huracán. Sin embargo, te das cuenta de que no: no eres ningún superhéroe y los nervios y el instinto de supervivencia son mucho más fuertes de lo que imaginabas y que, al final, no eres más que un títere en las manos del destino.

El terremoto nos pilló al noroeste de Katmandú, a unos cuarenta kilómetros de distancia de la capital y a menos de cien del epicentro. Evidentemente, yo y mis colegas tuvimos mucha suerte. Sin ella quizá no pudiera estar ahora mismo escribiendo estas líneas delante del ordenador. Esa misma fortuna que muchos no tuvieron y por lo que el desastre se los llevó por delante.

Tuvimos esa buena estrella porque no nos pilló en la ciudad, porque nuestro guía había decidido que era la hora de comer diez minutos antes de que todo ocurriera, porque lo hicimos en un chiringuito sin puertas, al aire libre, porque la ladera de la montaña aguantó las sacudidas de la tierra y no se derrumbó, por tantas cosas de las que ahora soy consciente… Pero no te das cuenta de todo eso hasta que no pasan unos minutos, unas horas, unos días. No te das cuenta porque el estado de alerta te impide pensar con claridad y porque realmente es todo tan nuevo y extraño que ni siquiera comprendes bien qué está pasando. Ni rastro del superhéroe.

La tierra se mueve pero, ¿por qué?, ¿por un terremoto?, ¿por un accidente de tráfico con dos camiones implicados?, ¿porque se ha roto una presa en la parte alta del río? No tienes ni idea, pero tu cerebro sólo envía una señal a tus piernas: «¡Corre!» No te paras a pensar cuál es el mejor sitio al que huir, porque ni siquiera sabes qué está ocurriendo. Y en la huida hacia ninguna parte como un rebaño de ovejas despavoridas sólo existe una persona en el mundo: tú. Y toda esa voluntad de ayudar que has mamado a lo largo de tu vida, forjada en voluntariados de muchos tipos, se derrumba cuando una señora se cae a tu lado porque no calcula bien las ondulaciones de la tierra y tú la miras una décima de segundo pero vuelves la cabeza mientras corres y sigues corriendo hacia ninguna parte. Supongo que es algo normal, que el instinto de supervivencia en situaciones límite es mucho más fuerte que el deseo de ayudar a los demás, pero sinceramente pensé que yo sería otra persona en este tipo de situaciones. Y desde entonces me viene a la cabeza la misma imagen recurrente de la señora tropezándose y yo continuando mi camino sin mirar atrás. Eso mismo: ni rastro del superhéroe.

A partir de ahí, caos, nervios, miedo... Llegamos a Katmandú y empezaron a llegarnos las primeras informaciones de un desastre del que todavía no éramos conscientes. Miles de muertos, casas destruidas, familias en la calle improvisando tiendas de campaña con plásticos de carteles publicitarios... Tu único pensamiento en ese momento, y más tratándose de un terremoto seguido de peligrosas réplicas, es precisamente ponerte a salvo. Nada de ayudar a ancianitas ni a niños en peligro. De nuevo el cerebro se ciñe a la realidad más inmediata y te dice: «Corre, salva tu pellejo, no te preocupes de nada más». Y en ese estado decidimos ir al aeropuerto, donde el descampado cercano nos proporcionaría un mínimo de seguridad frente a las réplicas. Y ni rastro del superhéroe. Ni un ápice.

Así pasamos la noche, acompañados de otros tantos extranjeros que buscaban la seguridad de los lugares abiertos, lejos de la ratonera que era la ciudad medio en ruinas, llena de edificios resquebrajados. Miles de personas con dos objetivos comunes: estar a salvo e intentar huir de aquel país pobre devastado por la fuerza de la Naturaleza.

Cada réplica, por pequeña que fuera, acarreaba un momento de tensión, estampidas, peligro, dudas sobre si el edificio donde la gente se resguardaba de la lluvia aguantaría otra embestida. Fue una de las peores noches de mi vida, sin duda. Los nervios te carcomen por dentro y el estado de alerta continua te obliga a vivir como si fueras un espía analizando todo a tu alrededor. Puedes estar en un sitio seguro durante 23 horas y 59 minutos e ir al baño apenas 60 segundos y que se te caiga el edificio encima. Entrar en un sitio cerrado significaba auscultar cada pequeño detalle por si llegaba un nuevo terremoto: las ventanas no tienen rejas, el pestillo de la puerta se encuentra en la parte superior, para salir debes girar a la izquierda y luego a la derecha, hay una señora tumbada con un niño intentando dormir en medio de un pasillo... De no haber sido ateo me hubiera pasado la noche rezando al Todopoderoso para que fuera benevolente. Y por supuesto, ni rastro de ese supuesto superhéroe que pensabas ser.

Nosotros tuvimos suerte. No vimos muertos, ni cuerpos desmembrados, ni tuvimos que asistir al dantesco espectáculo de edificios cayendo a plomo. Pero no todo el mundo tuvo nuestra misma suerte. Y sus caras eran el fiel reflejo de lo que habían tenido que presenciar. Rostros desencajados por el miedo, mentes que no podían quitarse de la cabeza ese edificio de nueve plantas en medio de la ciudad cayendo como si de un castillo de naipes se tratara. Personas que, sin duda alguna, pasarán muchas noches teniendo pesadillas sobre esos 30 segundos fatales.

A la mañana siguiente mis amigos se fueron y yo me quedé solo. Mi vuelo salía una semana más tarde y el aeropuerto estaba saturado, de modo que me compré un par de periódicos, hablé con otros tantos paisanos y decidí irme a una zona más segura en autobús. En el consulado se limitaron a apuntar mi número de teléfono y a decirme que ya me llamarían cuando tuvieran alguna información, que en el aeropuerto estaría seguro. Les expliqué que no tenía batería en el teléfono y que no podrían contactar conmigo, pero ellos tampoco tenían electricidad por lo que decidí no esperar que nadie me sacara las castañas del fuego y arriesgarme quedándome una semana más. Sin dinero, sin electricidad, sin cajeros, sin wifi y sin amigos. Quizá esto último fuera lo más duro, pues ya se sabe que las penas se pasan mejor en compañía.

Tras hablar con la gente de International Medical Corps para intentar echar una mano en lo que fuera y sentir la frustración de no poder ayudar por la desorganización y el caos que imperaban 48 horas después del terremoto, decidí coger un autobús y marcharme de Katmandú. No sabía si había autobús, no sabía si la carretera estaba cortada, pero no quería esperar a que la guadaña de la muerte se abatiera sobre mí.

Las seis horas que normalmente se tarda en recorrer ese trayecto se convirtieron en más de doce aquella mañana. Ni un solo turista. Sólo nepalíes viajando a sus pueblos, alejándose de Katmandú. Por el camino, caos, casas caídas, familias enteras viviendo en improvisadas tiendas de campaña, carreteras cortadas por los derrumbes de las laderas... Pero según te alejabas del epicentro, aumentaba la normalidad, disminuían los nervios y la tranquilidad era más evidente.

Cinco días después volví a la capital y la situación no había mejorado mucho. Las casas seguían derrumbadas, las familias en la calle, y aunque algunos comercios habían decidido abrir sus puertas, muchos continuaban cerrados a cal y canto. Eso sí, las comunicaciones se habían restablecido, la electricidad fluía por los cables, y aunque la gente seguía asustada viviendo bajo trozos de plástico sujetos por palos, un halo de esperanza y normalidad intentaba invadir cada espacio.

Apenas pasé nueve horas en la capital. Tiempo suficiente para darme cuenta de que la normalidad tardaría mucho en llegar a sus vidas. El pueblo nepalí es fuerte, amable, cariñoso, y ganas no les faltarán para que su día a día vuelva a ser lo que era. Pero en ese momento la distancia que les separaba –y les separará– de la seguridad, se contaba ya no en días o semanas, sino en meses o incluso años. Mi seguridad, sin embargo, se encontraba a unos pocos miles de kilómetros. En pocas horas iba a coger un avión que me devolvería a mi casa, a mi familia, a mis amigos. A mi seguridad, en definitiva. Esa misma seguridad que ellos no recuperarán en mucho tiempo, y que ni siquiera el superhéroe que no existe en mí, podría acelerar.

¿Me ha cambiado en algo la vida? Pues sí… hay gente que ha sido tocada por la varita mágica de la heroicidad. Pero no ha sido mi caso; sigue sin haber rastro de ningún superhéroe en mi persona. Sin embargo sí que puedo cambiar e intentar ser más empático, más cercano, menos frívolo, más humano, más solidario. Y no hace falta irse a Senegal, Haití, Nepal o al Congo. Basta con sonreír a quien está cerca, no despreciar a quien te vende pañuelos en el semáforo, no mirar desdeñoso a aquel que duerme en la calle porque no ha gozado de la suerte de la que tú disfrutas.

Lo triste es que un terremoto haya tenido que sacudir los cimientos de mi vida para cambiarme completamente y hacer que te me cuenta de que no reside en mí ningún superhéroe y que la vida va mucho más allá de la banalidad que nos rodea a cada paso que damos.

EL DESTINO SE BURLA DE TI, PERO EN OCASIO-NES PARA BIEN

Lara Buj Carceller y Diego Miralles Vidal (33 años)

La mañana del 25 de abril la pasamos viajando en autobús des-de Pokhara –la tercera ciudad más poblada y una de las más turísticas de Nepal– hasta Chitwan, reserva natural de anima-les salvajes situada al sur del país.

Acabábamos de terminar la segunda ruta de senderismo de nuestro viaje por Nepal. Habíamos subido al campo base del Annapurna tras desistir del primer objetivo, el Thorung La Pass, debido al mal tiempo. Cinco días de nevadas, niebla y malas condiciones nos llevaron a modificar la planificación de nuestras vacaciones para emprender un nuevo reto. Ya lo dice la canción: «Las vueltas que da la vida, el destino se burla de ti», pensamos, tras haber empleado un año en los preparativos para ese viaje. No en vano era nuestra luna de miel.

Y de nuevo, en esa aventura, fuimos improvisando las etapas, alargando las horas de camino, sorteando adversida-des e ignorando paradas. Decisiones todas éstas que nos lle-varon a aquel autobús con destino a Chitwan para pasar dos días de safari y luego regresar a Katmandú, que hicieron que ese 25 de abril estuviéramos bajando de las montañas y toda-vía no hubiésemos regresado a la capital del país.

El autobús iba repleto de turistas. Era un vehículo bastan-te decente, pero las carreteras... ya sabemos que no son preci-samente autopistas. Quizá fuera por lo abrupto del terreno, por los baches o por la conducción brusca, pero llegamos a Chitwan hacia el mediodía sin que ninguno de los pasajeros hubiéramos percibido el más leve signo de la catástrofe que estaba aconte-ciendo a pocos kilómetros de donde nos encontrábamos.

Ya instalados en el hotel, nos disponíamos a comer cuan-do –a cuenta-gotas dada la baja calidad del wifi del comedor–

comenzaron a aparecer en nuestros móviles algunos *whatsapps* de amigos interesándose por nuestra integridad física. Indicaban que había habido un terremoto en Nepal, lo cual nos sorprendió porque en Chitwan todo parecía normal: los edificios, las calles, la gente... Debido a ello, en un primer momento no dimos importancia a la noticia, hasta que una inspiración de origen desconocido nos llevó a llamar a casa. En ese momento comenzamos a tomar conciencia de lo ocurrido. La situación en nuestras casas era de absoluta desesperación. Intentamos tranquilizarles y nos planteamos seguir con nuestro viaje a pesar de la insistencia de nuestros justificadamente exaltados familiares de que volviéramos a casa cuanto antes.

Pese a todo aún no éramos conscientes de la magnitud de lo ocurrido, de modo que pasamos la tarde según el programa y nos retiramos a descansar, pues al día siguiente tocaba paseo en elefante y navegación en canoa entre cocodrilos.

Pero las réplicas, que se fueron sucediendo a lo largo de la noche, se encargaron de mermar nuestro sueño y nuestra relativa tranquilidad en la misma proporción en que se iba moviendo nuestra cama. No fue algo brusco sino más bien balanceos laterales rápidos que nos despertaron sobresaltados, infundiéndonos una sensación de pánico e incertidumbre durante unos segundos interminables y provocando la posterior carrera hacia la calle en busca de algún espacio abierto.

Por la mañana ya encaminábamos nuestras intenciones a la idea de dar por concluidas las vacaciones e intentar volver a casa. Pero, ¿cómo? Por suerte, y aunque no al cien por cien, disponíamos de conexión a Internet. Esto nos permitió estar informados de las novedades sobre la situación en el país, amén de las actuaciones que estaba llevando a cabo el gobierno de España y la embajada en la India. Logramos contactar con la última y recibimos una inmejorable atención a pesar del colapso que provocamos afectados y familiares. Después de identificarnos para facilitar sus labores de búsqueda de ciudadanos españoles por el país, seguimos sus indicaciones. Para ser repatriados a la mayor brevedad posible era necesario desplazarse a Katmandú. Teníamos que informarnos en el mismo pueblo en que nos encontrábamos de si era posible realizar el viaje, si las carreteras lo permitían, y si podíamos conseguir algún medio de transporte hasta la capital. Una vez allí tendríamos que encontrar el edificio, cercano al aeropuerto, de la constructora San José, una empresa española que ofreció sus oficinas como punto de encuentro y refugio temporal a todos los españoles que se encontraban en Nepal y que sirvió de centro de operaciones a la embajada.

Y, una vez más, la tierra tembló. Una réplica de 6,4 grados de intensidad nos sorprendió en plena calle. Todo empezó a moverse a nuestro alrededor al tiempo que la gente salía gritando de sus casas. Tras una mirada rápida alrededor para cerciorarnos de que no teníamos edificios altos demasiado cerca, aguardamos inmóviles, cara a cara y cogidos de las manos, sin perder de vista las farolas, los postes eléctricos y los carteles publicitarios que nos rodeaban y que parecían insignificantes para la extraña fuerza que los zarandeaba con intensidad. Mantuvimos la guardia para intentar esquivar un posible derrumbe de cualquiera de aquellos elementos, algo que parecía inminente.

Por fin se detuvo sin más consecuencias que las causadas en nuestro ánimo, y la gente reanudó aquello que les ocupaba antes del temblor. Nosotros copiamos su actitud.

Teníamos que ir a Katmandú para poder ser repatriados. El primer paso lo teníamos hecho. El paquete que contratamos para el safari incluía un autobús de vuelta a Katmandú a la mañana siguiente. El recepcionista del hotel, con aparente normalidad, nos informó de que saldría según lo previsto. Pero nosotros empezamos a preparar nuestra partida desconfiando un tanto de la certeza que aquel buen nepalí nos había querido transmitir.

Compramos provisiones: cinco botellas de agua, galletas, frutos secos, chocolatinas y papel higiénico. Fue todo lo que pudimos conseguir y lo que, como montañeros, consideramos necesario para la supervivencia. Algo sabíamos de pasar días siendo autosuficientes. Y preparamos nuestras mochilas de senderistas, dejando a mano las linternas frontales y los teléfonos móviles por si eran necesarios aquella noche.

Estábamos preparados. Llevábamos sacos de dormir, ropa de abrigo, pilas de recambio, botiquín, etc. Nos sentimos afortunados de haber acarreado las mochilas que habíamos empleado en la ruta hasta el safari.

Llamamos a Dawa, el gerente de la empresa de senderismo y alpinismo nepalí con la que habíamos contratado los permisos para nuestra aventura. Sabíamos que vivía en Katmandú, aunque no en el centro de la ciudad. Aun así, ésa había sido una de las zonas más afectadas. Su teléfono daba tono, lo cual era buena señal, pero de nuevo los segundos se volvieron eternos por la incertidumbre de no saber si oiríamos su voz al otro lado del teléfono. Finalmente descolgó. Estaba bien y su familia también. Muy asustados y refugiados en una tienda de campaña, pero todos bien. Nos alegramos por la excelente noticia.

Haciendo uso de la infinita bondad y vocación de servicio que caracteriza al pueblo nepalí, se ofreció a recoger nuestras maletas del hotel donde nos habíamos alojado a nuestra llegada, hacía ya prácticamente un mes. Es decir, a poner en un riesgo innecesario, desde un punto de vista no demasiado egoísta, su vida y de paso el pan —o mejor dicho, el *dal bat*— de toda su familia para facilitar la salida del país a una pareja a la que había conocido brevemente. Entonces éramos simplemente sus clientes. Ahora ya le consideramos nuestro amigo.

El trayecto hasta Katmandú se convirtió en un infierno. El viaje, que en circunstancias normales habría sido de cinco horas en autobús, se dilató a doce. Una agonía de paradas por derrumbes en las ya de por sí precarias carreteras, lentísimos pasos por puentes semiderruidos que pedían a gritos no cargar con todos aquellos autobuses y camiones repletos de gente, atascos de vehículos cargados de personas hasta el mismo techo y bacas portaequipajes que colapsaban por completo la circulación en su intento desesperado de escapar a un lugar donde el terremoto no se hubiese cebado tanto con la vida.

Nosotros íbamos en dirección contraria a este flujo de vehículos, en un autobús vacío. Solamente nos acompañaba una pareja de ancianos de nacionalidad francesa. Íbamos en dirección al epicentro de la masacre, que paradójicamente, era donde se hallaba la puerta hacia nuestra salvación.

A medida que nos aproximábamos a Katmandú se hacía más evidente la destrucción causada por el seísmo. Llegamos por la noche a una ciudad sin luz, con las calles tomadas por sus habitantes y por militares armados con varas de madera que velaban por evitar los saqueos causados por la escasez de agua y alimentos. Las calles estaban llenas de escombros y los edificios que todavía se tenían en pie estaban visiblemente dañados.

Bajamos del autobús para adentrarnos en aquellas calles abarrotadas de caras y miradas que reflejaban la desolación de haber perdido familiares, amigos y hogares, y la incertidumbre ante la amenaza de nuevas réplicas sumada a la inseguridad de estar en un lugar sin refugio y sin escapatoria posible. Había miedo, mucho miedo en sus caras e imaginamos que, de haber tenido un espejo, lo habríamos visto en las nuestras también.

Contactamos con Dawa, que se presentó a los pocos minutos para indicarnos que nuestro hotel, con nuestras maletas ya preparadas, estaba muy cerca de allí y que teníamos la posibilidad de ir en taxi al aeropuerto. Sin que nos abandonara la sensación de estar en un callejón sin salida, seguimos las indicaciones de nuestro amigo nepalí y así llegamos, tras recuperar todas nuestras pertenencias, al lugar donde cientos de españoles encontramos nuestra salvación, no sin antes despedirnos de Dawa agradeciéndole de corazón lo que había hecho por nosotros. Nuestro amigo ya podía volver junto a su familia.

Nepal, con sus montañas y sus gentes, es un país que ya de por sí te cambia la vida. Podemos asegurar que, tras vivir de cerca una tragedia de estas dimensiones, la marca que deja en tu interior es todavía mayor. Respiramos aliviados al subir al avión de las fuerzas aéreas españolas, pensando que aquella pesadilla había llegado a su fin. Pero al despertar sigue ahí. Las miradas de desolación y desamparo son tatuajes imborrables. Aunque también lo son las sonrisas de felicidad que tuvimos la suerte de contemplar en nuestra estancia, tanto en las ciudades como en las pequeñas aldeas y los poblados de las montañas. Sonrisas provocadas por cosas sencillas, por despertar, porque el sol acaricie su piel, porque la lluvia riegue sus campos, porque la nieve cubra las montañas, sin reparar ni un segundo en que el sol les pueda quemar o si tendrán que pisar descalzos la nieve. Mucho menos en si llevan el pantalón a juego con la camiseta o si tienen el último modelo de smartphone. Se tienen los unos a los otros y algo que echarse a la boca. Son motivos más que suficientes para sonreír. Y ya de paso, comparten ese algo y esa sonrisa con todo aquél que se cruce en sus vidas, aunque éste lleve en los pies unas botas que cuestan lo que ellos ganan en un año.

Sin duda, esto te lleva a relativizar los problemas de nuestra, a menudo, superficial sociedad occidental, y a valorar las pequeñas cosas que antes te pasaban inadvertidas. Pero sobre todo te lleva a hacer todo lo que esté en tus manos para devolver la sonrisa a aquellas caras. Son muchas, y vosotros y nosotros somos muy pequeños al lado de una tragedia de esa magnitud, pero gota a gota se puede llenar el mar.

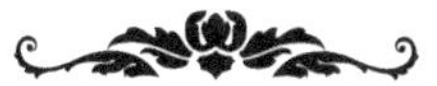

LA ROSA DE GHANDRUK
Gonzalo Louro (65 años)

Fue una sorpresa. Faltaban un par de días y fui a encontrármela donde menos me lo podía imaginar. A veces uno no entiende muy bien por qué le ocurren ciertas cosas y aquélla era una de esas ocasiones en las que dejas que una leve sonrisa se te escape de los labios y simplemente te dejas llevar.

Aún encerrada en sí misma, se insinuaba roja, de las auténticas, la genuina rosa de Sant Jordi; aquélla en la que desde hacía bastante tiempo venía yo pensando, pues iba a ser la primera vez en muchos años que no entregaría en mano mi ramillete de rosas a mi personalísima colección de flores...

Después de mi primera reacción pasé a creer que aún le faltaba mucho para abrirse. Estaba convencido de que no podría estar a punto para aquel día; sin embargo, no dejé de mirarla de frente o con el rabillo del ojo cada vez que me acercaba a aquel muro que, como si de un símbolo se tratara, me separaba del paisaje más extraordinario que jamás había visto. La rosa estaba justo en medio y no dejaba de abrirse y prometerme ser mi regalo para aquel día que ya estaba en ciernes. Como si 9.000 kilómetros de distancia no significaran nada, aquella imagen me hacía sentir en casa, en mi ciudad disfrutando del día más festivo del año –al menos desde mi personal perspectiva sociocultural.

No sé muy bien qué hora sería pero rondaban las 2.00 o 3.00 h de la madrugada cuando entre los sonidos propios y tan especiales de cualquier noche en el poblado de Ghandruk, se hicieron notar los molestos y pertinaces ladridos de algunos canes. «Los habrá alterado un zorro o algún jabalí», pensé entre sueños. Supongo que me di la vuelta para volver a encarar un nuevo tramo de aquella noche; pero sorprendentemente, me pareció escuchar un ruido que ya se apartaba algo más de lo que cabría considerar normal. ¿Eran piedras? ¿Rocas que se desprendían de algún sitio como si las estuvieran descargando de un camión? Vaya con la nochecita, no había manera...

Lo siguiente que recuerdo por fin logró despertarme del todo: un ruido contundente y seco me hizo creer que algo había golpeado la casa. Me pregunté si tal cosa podía ocurrir, pues no había carretera alguna en su entorno. Tras unos instantes de incómoda incredulidad, de pronto la cama se meció varias veces lateralmente y entonces ya no me quedó ninguna duda. Abrí los ojos en la oscuridad de la habitación y pude observar mi entorno gracias a la tenue luz que se filtraba a través de las cortinitas azules que había en las ventanas. Los perros callaron y el silencio se adueñó de la noche.

Desperté muy pronto, acostumbrado a los madrugones que imponía el senderismo, y mi primer pensamiento fue para el calendario. Era 23 de abril, era el día de Sant Jordi y ya faltaba muy poco para que despuntara el sol en los Annapurnas, un día que posiblemente sería de añoranza y nostalgia; un día que, en contra de lo esperado climatológicamente hablando, iba a regalar deslumbrante cuanta belleza visual pueda una persona imaginar en la mejor de sus previsiones; un día en el que también ella, la Naturaleza con mayúsculas, había ya empezado a mostrar, sin nadie sospecharlo, su lado más oscuro.

Lo primero que hice al levantarme fue comprobar si mi rosa se había abierto. No estaba mal pero con suerte, después de un par de horas de sol, mejoraría.

La flor –muy amablemente por su parte–, mejoró. El día, en consonancia con el almanaque y mis sentimientos, se mostró diáfano y presumía de todo lo que podía presumir. Tras aquella rosa, tan femenina como orgullosa de sus virtudes, se alzaba a lo lejos el valle que conducía al campo base de los Annapurnas. Más arriba, en todo lo alto, la inmensa masa de nieve majestuosa y dominante, atractiva e hipnótica, parecía pretender un diálogo imposible.

Y llegó el sábado, día 25. Hacía casi un par de horas que había salido andando de Ghandruk cuando pude escuchar la típica estridencia de ese claxon con aires de orquesta de viento que caracteriza a los autobuses de Nepal e India. El convincente vendedor de pasajes garantizaba que su destino era Pokhara, así que tras otras dos horas de vertiginosa bajada por aquella descarnada carretera el autobús, me bajó literalmente de las nubes. Me encontraba ya en la ciudad del lago. Unas patatas fritas –que no chips– acompañadas de cerveza me esperaban a las 12.00 h, justo en el momento en que tuve la extraña sensación de encontrarme en una atracción de feria, como dejándome llevar por un suelo de ésos de goma que empujan hacia arriba un pie mientras el otro desciende. Antes de que pudiera tener una mínima conciencia de lo que me estaba ocurriendo vi cómo un empleado de la casa salía corriendo como alma que lleva el diablo por una especie de pasaje que nos separaba de la calle; un ruido, más exactamente un rumor de cierta intensidad, surgía de no sé dónde y se mezcló de inmediato con los gritos de centenares de personas y los míos propios. La gente salía de todas partes buscando el amparo de la nada, buscando con la avidez del furtivo la seguridad de la no protección, la no existencia de casas, balcones, farolas amenazantes. Las madres se fundían literalmente con sus pequeños en un abrazo infinito, guiadas por su maternal instinto de protección incluso más allá de su vida. El grito unánime, casi un acorde de terror que salía de muchas gargantas de manera espontánea, nos hacía a todos iguales. El tráfico, aplicado aprendiz de su caótico hermano hindú, se fue ralentizando en cuestión de segundos sin saber muy bien por qué, al ver que la gente invadía de pronto su espacio sin dejar de mirar hacia arriba.

El rumor, aquel rumor sordo y potente que provenía de la más profunda entraña de la tierra, era como la clave de sol que todos teníamos en común en aquel coro de espanto. Fue poco tiempo, no sabría decir si un par de minutos, tres o cinco, los que habían transcurrido hasta que la última farola dejó de balancearse amenazante sobre nuestras cabezas. No daba crédito a lo que me estaba pasando.

Mientras enviaba un apresurado mensaje de móvil a mi mujer para ponerla al tanto de lo que acababa de suceder y decirle que yo estaba bien, tuve la sensación de que mi alarma interior, la alteración de todos mis sentidos, el pulso acelerado de mi corazón, no estaba en consonancia con el resto de personas que me rodeaban. Yo seguía levitando mientras todo o casi todo el mundo recuperaba una anormal normalidad.

El guion quedó pronto establecido y yo lo seguía escrupuloso sin pararme ni un momento a cuestionarlo. Sólo había un objetivo y pasaba por salir de allí lo antes posible y sin mirar atrás. Así que a las 14.00 h arrancaba el autobús que, tras diez interminables horas de sortear grandes rocas caídas en la carretera, y esperar en larguísimas colas de vehículos atrapados en los atascos que se producían en los cruces, me dejaría en un lugar extraño. Yo no reconocí para nada la entrada a la capital que veinte días antes me había despedido en medio del colorido y la algarabía propia de una mañana normal entre gentes que, como en cualquier otra ciudad y barrio de aluvión, procuran llegar a tiempo a algún lugar donde vender el producto que llevan al mercado; al punto de encuentro en el que, con el afán propio de quien necesita llegar a tiempo, esperan ver al médico, o cerrar un trato.

El resto de pasajeros –que hasta hacía muy poco compartían conversaciones con la misma naturalidad con que escuchaban complacidos un repetitivo CD de música nepalí, molesta a mi entender por el excesivo volumen e inoportuna para la ocasión– bajaron gradualmente la intensidad de sus voces y todos, como movidos por un solo resorte, fijamos la mirada en un punto a unos cien metros de la carretera, donde un gentío ayudado por generadores que iluminaban el lugar trabajaba con los medios disponibles desescombrando un edificio azul del cual sólo se podían adivinar un par de plantas sobre un enorme montón de piedras y ladrillos. La radio ya no volvió a sonar.

Cuando pisé la calle reinaba la más absoluta oscuridad y el aire bregaba por hacerse un hueco entre el polvo. Pequeñas hogueras descubrían grupos de personas que –yo no alcanzaba a entender por qué–, estaban reunidas entre aquellas sombras. No había vida en los edificios, nadie los ocupaba y mi sorpresa creciente fue virando hacia un nuevo derrotero. Una cierta sensación volvía a invadir mi espíritu en un lenguaje que sólo había sabido interpretar diez horas antes. Estaba volviendo a tener miedo. No sabía a qué –pues nunca antes en mis años de vida había tenido miedo a nada que no fuera la falta de salud–, y aquel día era ya la segunda vez que me sentía tan mal.

No me había dado cuenta pero estaba en Thamel; estaba en el barrio donde se encontraba mi hotel, el mismo donde tenía previsto pasar las siguientes noches; me encontraba en el barrio que unas semanas atrás había dejado lleno de vida con centenares de comercios compitiendo por mostrar lo mejor de sí mismos hasta bien entrada la noche. Nada era igual. En el lugar donde estaba la oficina de mi agencia de viajes yo no recordaba ninguna plaza, y sin embargo ahora allí había un amplio espacio. Abrí incrédulamente los ojos como intentando comprender mejor las cosas y observé la montaña de escombros que se alzaba ante mí.

Una sensación: el desconcierto. Un sentimiento: el miedo. Una necesidad: salir de aquello. Una decisión: ¡había que marcharse! No entraría en aquel hotel, tenía la necesidad de ponerme a cubierto de algo que ya me estaba sobrepasando, de algo que extrañamente yo no podía controlar; de algo que sencillamente, escapaba a mi jurisdicción y sobre lo que yo no podía decidir. Tenía la íntima necesidad de escapar de aquello que no sabía cómo identificar.

A la luz de una de las pocas farolas que la tenían, el resto de mi equipaje fue traspasado del bolsón del porteador a la mochila y al cabo de una hora me encontraba ya perdido entre un mar de humanidad desorientada, a lo largo y ancho de la zona de aparcamientos del aeropuerto de Katmandú. Había aprendido semanas antes en la India el significado del vocablo «caos», así que aquello no me vino de nuevas en aquellos momentos; pero esta vez resultaba muy extraño, quizá porque no había ruido (y es que me resisto a llamar ruido al profundo rumor que producía un ejército de voces apagadas; de conversaciones que, aunque en su inmensa mayoría yo no podía comprender, me producían la sensación de que estaban unidas por un común denominador llamado «interrogante»). Mi fino y musicalmente educado oído no fue quien me trasladó semejante sensación. En aquella ocasión volvían a ser las expresiones, la incredulidad en las miradas y la angustia reflejada en los rostros de todo aquel que se iba cruzando en mi camino. El ritmo de mis pasos era extrañamente directo porque en mi interior sentía como que me dirigía a algún punto en concreto, incluso con una cierta pizca de premura, como si realmente supiera que entre aquella marabunta humana había un pequeño lugar para mí, un lugar previamente asignado, un hueco en el que yo iba a descansar mi espalda, castigada desde que al amanecer había salido de Ghandruk en una mañana de emocionante despedida. Un metro cuadrado sería más que suficiente; no se me ocurriría pensar que tendría derecho a un centímetro más.

Aquella noche, el día que estaba por venir, y la noche siguiente compartiría con miles de almas lo que, más que un aeropuerto, parecía un campo de refugiados. Allí viví experiencias inolvidables y también allí recibí la increíble noticia de que nuestra embajada en Delhi estaba haciéndose cargo de todos los españoles atrapados en Nepal.

Treinta horas más tarde cerré la puerta del taxi ante un hotel de lujo que se mostraba altivo e indiferente ante las improvisadas tiendas de campaña instaladas en los espacios abiertos y seguros que ofrecían las calles. Cuando el guardia me abrió la puerta y puse los pies en aquellas amplias estancias destinadas en principio sólo a turistas adinerados; cuando me sentí atendido de forma extraordinaria para la ocasión y en mi propio idioma, mi cerebro se fue al rincón de los recuerdos y rescató de allí una escena repetida en algunas de las películas que más o menos vemos con un cierto grado de indiferencia: el protagonista, huyendo de cierto inminente peligro, alcanza los muros de su embajada y, viendo su bendita bandera, grita. La puerta se abre ante él y en un instante queda a salvo de la horrible situación.

A mí me ocurrió algo muy parecido en aquel momento. Deseaba salir –y salí– de aquel tormento; dejé que tras de mí se cerrara la puerta, me dejé querer por quien me acompañaba a acomodarme y me ofrecía un buffet libre para desayunar como ya no recordaba que se podía hacer en este mundo, y a partir de ahí, como ya estaba en «casa», mi tensión arterial –que por propia condición es elevada–, empezó a normalizarse.

Conocí a gente con nombre propio. Conocí a Laura, quien terminado mi reparador desayuno, se acercó y me estrechó la mano preguntándome mi nombre y con un: «¡Ah, sí! Me resulta muy familiar», dándome a entender que me esperaba; me dio la bienvenida y me anunció que enseguida iba a reunirse con todos los que allí estábamos para explicarnos cosas. Conocí también a Ramón y Ramón; me gusta llamarlos los «polis buenos». Eran buenos, como «el gordo y el flaco», imprescindibles en la filmoteca que los de mi edad llevamos en el recuerdo (quizá hago la comparación porque uno era grande y el otro más bien delgado). La diferencia entre éstos y aquéllos radicaba en que los de ahora, los dos, eran listos. Ramón, nuestro comisario, era un poco como Laura: activo y muy efectivo, tanto por lo que respecta a lo que consideraba prioritario e incuestionable –como cuando le escuché en medio de la madrugada siguiente exigir desde su móvil que el avión que nos tenía que sacar de allí saliera nuevamente de Delhi, tras un primer viaje frustrado por la torre de control de Katmandú cuando estaba ya a punto de aterrizar– como por la cercanía humana que mostró con aquéllos que tuvimos la ocasión de intercambiar algunas vivencias con él. Con Ramón, el otro poli, la cosa era distinta, pues al margen de sus obligaciones, supo mezclarse entre todos nosotros, y sin que apenas se le notara, iba dulcificando la situación ante las permanentes noticias de dificultad añadida que por cuestiones de tráfico aéreo impedían cumplir los planes previstos por la embajada a lo largo de todo el día.

Como el que más y el que menos, empezaba yo a tomar posiciones para pasar la noche en el enorme dormitorio a cielo abierto que los responsables del hotel empezaban a preparar en los jardines, cuando nos convocaron de urgencia y de urgencia nos llevaron en diferentes viajes organizados por la gente de la constructora San José en sus propios coches y furgonetas a las instalaciones de la empresa.

–Allí me gustaría teneros a todos –me había confiado el comisario por la mañana–, a vosotros cien y a los sesenta o setenta que ya tenemos allí. –Tenía razón, todo era más fácil para los organizadores y además, en cuanto se terció, nos fueron mandando como pudieron lejos, muy lejos de aquel lugar.

San José me recordó mi experiencia de voluntario en las Olimpiadas de Barcelona 92, a mis años de *scout*; años en los que en mí predominaba el altruismo, pues aquellos entregados empleados de la constructora lo repartían a manos llenas. Ya no estaba en un hotel de lujo en el que me sentía curiosamente como en mi casa; entonces, también como en mi casa, me encontraba en una sencilla instalación hecha con barracones metálicos en los que, por su estructura, decían que nos podíamos sentir francamente seguros. Éramos un montón de gente que atendíamos como colegiales las instrucciones de los que estaban a pie de cocina procurando que pudiéramos cenar con lo poco que habían conseguido comprar; de los que estaban a pie de ordenador, registrándonos a todos en su base de datos con pelos y señales intentando cuadrar mediante recuentos incontables aquel «stock» que les había caído del cielo. Entre todos ellos, la cónsul, la número uno, la que nos llevó de la mano desde el primer momento y que daba la impresión de que ya casi nos conocía.

Un nuevo temblor quiso que antes de las 2.00 h de la madrugada nos lleváramos el recuerdo bien patente del rumor, de aquel rumor sordo coreado por el griterío de cuantos allí estábamos y de la gente de la ciudad procedente de las casas más cercanas.

Lo que sigue a continuación es una mezcla de alegría y tristeza. Aquella mujer joven, cargada de energía y con la decisión de quien sabe que es el momento de utilizarla, enfundada en un chaleco que nos unía a todos –tanto a los que nos sentíamos identificados con ella como a quienes, por los motivos que fuera, simplemente se dejaban llevar–, convertía, con nuestros pasaportes en la mano, todas las dificultades que uno pueda imaginar en obstáculos vencidos. En nuestro caminar decidido dejábamos atrás aquellos rostros de nativos y no nativos que habían logrado alcanzar su *checkpoint*. Nos miraban como a personas de otra galaxia, pues como si de un grupo escolar asido a un cordón que les une se tratara, pasábamos ante ellos pretendiendo ignorar su presencia y desaparecíamos tras la legión de controles que sólo en algún caso se resistía –sin éxito por cierto–, a que todo nos resultara tan fácil.

Nuestro «Air Force One» –como así lo llamamos algunos– apareció imponente a pie de pista; mi móvil, entre muchos, se encargó de fijar la imagen de aquel aparato que tantas veces habíamos visto en los informativos, y su enorme escalera cubierta y llena de luz nos invitaba a adentrarnos en él, donde las puertas de los regios despachos estaban abiertas, donde con alegría infantil –lo reconozco–, di en cierto modo rienda suelta a mis emociones.

Minutos más tarde, todos notamos cómo las ruedas de nuestro avión dejaban de rodar por el cemento; aquel otro rumor quedaba atrás. Estábamos volando, estábamos saliendo…

Por la mañana, entre lo avanzado de la hora de salida y el recorte horario, pensé que había transcurrido la noche más corta de mi vida. Dos jóvenes mujeres de la embajada nos recibieron en Delhi haciendo patente que la parte más importante de su misión estaba cumplida, pues el objetivo –tal como nos había dicho el día anterior Laura–, era llevarnos lejos del peligro. Y lo acababan de hacer, y con nota.

Después de descansar unas horas en dos hoteles que separaban nuevamente al grupo, nos reunieron a todos por la tarde en uno inmejorable donde pasamos las últimas horas «en familia». Fue también allí donde nos confirmaron definitivamente aquello que ya se había comentado oficiosamente en Katmandú: que el Ministerio tenía la intención de fletar un vuelo directo a Madrid con todos nosotros. Me acordé entonces de las palabras de aquella mujer que desde de la embajada en Delhi me anunció a través de un teléfono prestado que yo, al igual que todos mis compañeros de circunstancias, teníamos unos derechos que se habrían de cumplir.

Mi primer billete de avión dejé que se perdiera, pues nuestra embajada me daba garantías de salir del país; nada comparado con las serias dudas de éxito que podía haber tenido al intentar salir por mi cuenta de Nepal. En cambio, el segundo billete era perfectamente hábil y por tanto, sería factible viajar a Barcelona en el vuelo comercial que partía de Delhi a las 9.30 h de la mañana siguiente. Así las cosas, y aunque con algo de pena por el hecho de tener que abandonar el grupo, la decisión fue que el puesto reservado para mí en el avión de las fuerzas aéreas lo pudiera ocupar otra persona para viajar a Madrid.

Al día siguiente, 29 de abril, tal y como estaba previsto,

mi familia me recibía en un abrazo interminable y con todos los honores.

Ya en casa –entonces sí–, y pasados un par de días muy extraños por tanta emoción vivida, pensé que había llegado la hora de la gratitud y así se lo hice saber tanto al Estado, como a mi Comunidad y a todas las personas implicadas en la «operación de rescate».

A Maricarmen, que me llevó de la mano desde la distancia, a aquella joven china que me puso en contacto con la embajada; a quien en representación de mi país me atendió al teléfono infundiéndome una enorme confianza, a las embajadoras que nos recibieron en Delhi, a las que nos atendieron en San José, a Laura, a Alba por su feliz iniciativa compartida, a todas vosotras en representación de la mujer nepalí, que desde la humildad, la perseverancia y la inteligencia, como suele hacer siempre la mujer, volverá a levantar desde la base a su país; a vosotras todas, mi rosa de Ghandruk...

UNA VIVENCIA IMBORRABLE
Salvador Navines (63 años)

Me gustaría empezar mi relato haciendo hincapié en algo que sucedió la noche del 22 al 23 de abril, día de Sant Jordi en Cataluña, cuando pernoctábamos en el bonito y tranquilo pueblo de Ghandruk. Sobre las 2.00 h aproximadamente, se produjo un temblor de tierra que sacudió nuestras camas. Primero con un fuerte estruendo, como si algo hubiera golpeado un edificio, seguido de un ensordecedor pero profundo ruido que nos alertó. Duró unos 10 segundos y nos despertamos debido al movimiento que se produjo. Yo dormía con mi amigo aquella noche en camas separadas y los dos nos despertamos angustiados, con nuestras camas vibrando y algo desplazadas. Al cabo de unas dos horas se volvió a repetir, pero esta vez con menor intensidad. Salimos de la habitación al exterior para ver qué estaba sucediendo y nadie más por lo visto lo había notado.

Al día siguiente hablamos con el propietario de la pensión y nos dijo que sí que había habido un temblor en la tierra, pero no le dio más mayor importancia. Para nosotros aquello quedó en dos sustos y unos comentarios entre nosotros sobre la posible gravedad del episodio, pero si ellos, que vivían allí, no le daban importancia, ¿qué podíamos hacer nosotros?

Yo quería marcharme a Katmandú aquel mismo día para hacer compras para hijos y familia: *thangkas*, incienso, algo de ropa para montaña, etc. Mi amigo insistió en que nos quedáramos allí dos noches más, ya que el paisaje desde nuestra pensión era espectacular. Teníamos delante nuestro una parte de los Annapurnas. Desde allí se divisaban aquellas cumbres con un esplendor y una nitidez que te dejaban hechizado. Pensábamos que éramos muy afortunados por poder estar allí haciendo senderismo, con nuestros 63 y 65 años, dándonos unas palizas diarias de unas 6 horas por unas escaleras de piedras colocadas al azar y con unas pendientes de 30 a 45 grados. Éramos dos personas felices que estábamos viviendo una parte de nuestras vidas intensamente. Lo que no sabíamos es que nos estaba esperando una vivencia mucho más intensa de parte de la madre Naturaleza.

Salimos de Ghandruk el día 25 a las 7.00 h y fuimos andando una hora hasta Kimche. Allí cogimos el autobús que nos tenía que llevar hasta Pokhara, donde recogeríamos parte de nuestro material, que habíamos dejado allí antes de partir hacia el campo base del Annapurna.

Llegamos a Pokhara a las 11.45 h exactamente y nos dirigimos a la pensión donde habíamos dejado nuestras pertenencias. Como teníamos que coger otro autobús hasta Katmandú que tardaría unas 6 horas, pensamos en comer algo allí mismo. Estábamos de pie en la planta baja de un edificio de cuatro alturas. Eran las 12.00 h y, de repente, esta vez sin estruendo inicial, escuchamos de nuevo un ruido ensordecedor seguido de un movimiento en el suelo durante otros 10 segundos aproximadamente acompañado de gritos muy agudos. Salimos al exterior, yo agarrado del brazo derecho por mi compañero, que se dio cuenta inmediatamente de qué estaba pasando. Yo le seguí, no me quedaba otro remedio ya que él seguía insistiendo en agarrarme del brazo. A los pocos pasos yo también comprendí que era un terremoto. En el exterior toda la gente estaba en mitad de la carretera con un alboroto que no era normal. Las farolas, en lo alto, estaban balanceándose de un lado al otro hasta que todo cesó sin que se hubiera producido ninguna desgracia, ni personal ni material. De repente vino hasta nosotros nuestro guía, y tembloroso, móvil en mano, llamó a su mujer. No le respondía nadie. Se le anegaron los ojos de lágrimas pensando lo que había podido pasar en Katmandú. Al cabo de unos diez minutos pudo comunicarse con su mujer. Ella le dijo que la casa que tenían delante de su tienda se había desplomado entera pero que ella y su hijo estaban a salvo. Le suplicó –como es normal–, que volviera lo más rápido posible.

Entramos nuevamente dentro del edificio para recoger el material y comer algo cuando un nuevo temblor volvió a sembrar el pánico. La gente se había congregado en el centro de la plaza por si se caían los edificios. Sus chillidos desgarraban el corazón. Al cabo de 20 minutos volvimos a entrar dentro. Recogimos nuestros pertrechos y salimos a la calle en busca del autobús que nos tenía que llevar a Katmandú. Tuvimos suerte de coger el primero que pasaba ya que al cabo de poco estarían llenos de gente que querría irse.

El trayecto desde Pokhara hasta Katmandú fue largo, y aún se nos hizo más por el miedo que teníamos de que al llegar sólo encontráramos desolación. Según íbamos escuchando por aquí y por allá, la capital de Nepal estaba en gran parte destruida y entre las víctimas había turistas y lugareños. Nos preocupaba en particular el barrio de Thamel, con sus tiendas y pensiones de madera, barro y ladrillos, con ampliaciones hechas en función de la llegada del turismo sin control por parte de las autoridades.

El trayecto duró 10 horas; tuvimos que ir serpenteando y salvando obstáculos en la carretera, obstáculos que eran grandes y pequeñas piedras caídas de la montaña y que obstaculizaban el camino. Se habían formado grandes colas de coches, camiones, furgonetas y todos querían pasar primero tanto para ir como para volver. (Los que hayan estado en Nepal sabrán que la conducción es un «sálvese quien pueda» y que el respeto por las normas de tráfico no existe en absoluto).

Llegamos a Katmandú a las 23.00 h. El autobús nos dejó a un kilometro aproximadamente de la casa de nuestro guía. El panorama era desolador. Se veían casas semi-tumbadas; otras derruidas completamente obstaculizando nuestro paso; un silencio ensordecedor que casi te dolía en los oídos, un mal silencio que sólo rompían los ladridos de los perros. Nos colocamos el frontal, pues todo estaba a oscuras. A medida que entrábamos en las calles del barrio de Thamel, vimos que todas las avenidas estaban llenas de gente echada en el suelo con mantas y comida, preparados para pasar la noche y poder esquivar la caída de edificios debido a las réplicas del terremoto, que ya se estaban haciendo sentir. Soy incapaz de expresar lo acontecido en su verdadera magnitud. Sentía una gran impotencia al ver cómo aquella gente, con sus pequeños y su gente mayor, estaba tumbada en posturas imposibles para los occidentales.

El silencio era el denominador común de todas las calles. Era un silencio lleno de miedo, de familias que habían perdido a los suyos o no los encontraban, pues a los nepalíes, en vez de alterarse y gritar como hubiéramos hecho los occidentales, se les veía pausados, resignados.

Nosotros, al ver el peligro que representaba quedarse allí por las réplicas que se iban sucediendo, decidimos irnos al aeropuerto. Era el día 25 de abril a las 23.00 h y teníamos billete de avión de Katmandú a Delhi para el día 27. Por lo tanto teníamos que dormir dos noches en el aeropuerto como fuera. Conseguimos parar un taxi que nos llevó. Al llegar, la primera visión fue tan desesperanzadora que no creíamos lo que estábamos viendo. Toda la zona exterior estaba repleta de personas tumbadas en el suelo con sus carros, mantas y sacos, dispuestas a dormir mientras hacían cola para salir del país esperando que les vendieran un billete de avión. Nosotros también teníamos que dormir, pues era media noche. Vimos la zona VIP y nos colamos en ella. Dentro todos eran turistas y nosotros nos sumamos a ellos. Tumbados dentro de nuestro saco, nos dispusimos a tratar de descansar.

Al cabo de unas dos horas el suelo volvió a temblar. Era otra réplica. Al temblor le sucedieron gritos. Salimos corriendo del saco y buscamos el cielo abierto; si al ruido de la réplica tan desgarrador, le sumabas el temblor del suelo y las farolas balanceándose en el exterior, se conformaba una experiencia aterradora. Hubo dos réplicas más aquella noche. A las 5.00 h nos levantamos y pudimos tomar un té con galletas, que fueron las últimas de nuestra estancia allí, ya que todo se consumió en pocas horas. No quedaba agua, no quedaban galletas, sólo quedaba gente con miedo empujándonos los unos a los otros para poder llegar primero a no sé donde, ya que los vuelos estaban cancelados.

Por la tarde-noche mi compañero me dijo que su mujer, Carmen, le había contado que la embajada española nos sacaría de Katmandú como repatriados y que nos teníamos que dirigir al hotel Dwarika's. Así lo hicimos, aunque no sin cierto escepticismo por mi parte. Buscamos un taxi y nos fuimos para allá. Nada más llegar, el portero nos cogió las mochilas y nos hizo pasar al interior, donde anotamos nuestros datos personales. Eran las 7.00 h de la mañana del día 27 de abril.

Nos dieron de desayunar, de comer, y cuando nos disponíamos a cenar, nos dijeron que saldríamos a las 2.00 h de la madrugada del día 28. Cogimos nuestras mochilas y nos llevaron a la constructora San José, que está al lado mismo del aeropuerto y había ofrecido sus instalaciones como base para nuestra salida del país. Éramos un total de 107 personas. Nos ofrecieron una cena rápida que tuvieron que improvisar. Su personal voluntario nos trató con mucha cortesía.

A las 23.30 h otra réplica nos recordó que aún estábamos en riesgo. Salimos todos rápidamente al exterior, aunque el peligro de derrumbe de los barracones era mínimo, ya que estaban hechos de hierro y eran muy resistentes. A las 2.30 h la cónsul nos anunció que nuestro vuelo en un avión de las fuerzas aéreas de España saldría a las 4.00 h. Nos llevaron en furgonetas hasta el muy cercano aeropuerto. Sólo 74 personas pudimos tomar ese vuelo; el resto salió en el mismo avión, que regresó tras dejarnos a nosotros en Delhi. Los trabajadores de la constructora San José fueron especialmente amables y dejaron de dormir aquella noche por nosotros, ya que todos ellos trabajaron en ese rescate como voluntarios.

Al llegar a Delhi dos personas de la embajada nos distribuyeron en hoteles. Por la tarde nos reunieron a todos y nos propusieron volar el mismo día 29, ya que el avión tenía que volver a Madrid. Nosotros teníamos billete de Delhi a Barcelona aquel mismo día, y preferimos llegar a nuestra ciudad y de paso dejar libre nuestro asiento para otras personas que no tuvieran billete de vuelta.

Llegamos a Barcelona a las 19.00 h tal y como estaba previsto. Allí nos estaba esperando nuestra familia. Nuestra alegría fue desbordante, aunque también pensamos que nosotros estábamos en casa, y que de donde veníamos quedaban muchas personas que habían perdido a familiares, que desconocían el paradero de sus seres queridos o que ya los sabían enterrados bajo los escombros.

El terremoto no ha cambiado ni mi vida ni mi forma de actuar pero sí ha aumentado mis ganas de volver a ese hermoso país para seguir disfrutando de sus paisajes, de la forma de actuar de sus gentes con una sonrisa casi perenne, el saludo de námaste que todas las personas te van regalando...

El año que viene volveré.

QUERÍA CAMINAR ADONDE FUERA PARA ENCONTRAR A POL

Sara Pavone (28 años)

Ésta era la segunda vez que visitaba Nepal, tras haber estado allí con Pol por un período de dos meses en el año 2013. Su atmósfera es mágica. Desprende una paz y una alegría incesantes y su gente es maravillosa. Me había prometido volver pronto con el fin de perderme entre sus inmensas montañas verdes de más de 4.000 metros de altura, contemplar su Naturaleza y conocer desde una mirada más próxima aquella cultura que tanto me había atraído siempre. Por eso, después de varios meses en la India escalando y produciendo artesanía, volvimos a Nepal, esta vez con un visado para tres meses.

Los primeros días en Katmandú fueron caóticos; en abril la ciudad se llena de turistas que andan por las calles frenéticas de Thamel para comprar material de montaña y estatuas de Buda. Nosotros teníamos un único objetivo: caminar por el Himalaya y respirar aire limpio y puro. La ruta que queríamos hacer empezaba en el valle del Langtang hasta Kyanjin Gumba. Luego pretendíamos atravesar los lagos sagrados de Gosain Kund, a 4.600 metros de altitud. La última parte del recorrido la queríamos destinar a conocer los pueblos pertenecientes al parque nacional del Helambu e integrarnos en ellos hasta volver nuevamente a Katmandú.

Pol decidió salir tres días antes para visitar la zona tibetana de Tamang, mientras que yo me quedé en Katmandú para reencontrarme con unos amigos a los que hacía un año y medio que no veía y con los que habíamos planeado empezar la ruta el día 24, justo un día antes de la catástrofe. Pol y yo nos despedimos la mañana del 22. Me despertó y, aún medio dormida, le dije:

–Ten cuidado, nos vemos dentro de tres días. –El día anterior habíamos planeado la ruta y nos íbamos a encontrar en Rimche, desde donde caminaríamos todos juntos.

El 24 a primera hora cogimos el autobús de Katmandú a Syafru Bensi, un trayecto de 8 horas. Allí dormimos una noche en un refugio y al día siguiente empezamos a caminar por el valle. Conmigo estaban mis amigos, una pareja de sudafricanos, Kate y Mike, dos hermanas australianas, Eliza y Tessi, y una chica inglesa, Sophie.

Eran las 7.30 h cuando empezamos a caminar. Habíamos calculado andar unas cinco o seis horas hasta Rimche, la primera etapa, donde íbamos a encontrarnos con Pol. Yo iba delante e intentaba marcar el ritmo. El paisaje era encantador, el caudal del río bajaba fortísimo, había vegetación por todas partes y el camino olía a marihuana. Después de tres horas llegamos a Bamboo, donde nos paramos a beber un té y descansar. Los lugareños nos avisaron de que el tiempo iba a cambiar y que la lluvia estaba llegando. Había que ponerse en marcha y calculamos que llegar a Rimche nos llevaría un par de horas. Estaba muy feliz; todo era perfecto. Atravesamos el cuarto puente del día. Kate, Mike, Eliza y yo, que íbamos un poco más adelantados respecto al resto, nos paramos a hacer fotos, pues las vistas eran increíbles por ambos lados del valle. Miro esas fotos muy a menudo.

Llegamos al otro lado del río. Eran las doce menos algo

del mediodía. De repente nos sorprendió un ruido estremecedor. Miré al cielo y vi cómo la montaña se caía. Se estaban derrumbando los dos lados del valle; caían piedras del tamaño de un elefante o más grandes y la tierra temblaba de una manera descontrolada y fortísima bajo nuestros pies. Nos miramos y empezamos a correr hacía la roca más próxima mientras una nube de polvo cubría todo el valle y no se lograba ver a un metro de distancia. Nos abrazamos los cuatro mientras todo seguía temblando. Sentíamos más que miedo: terror. Pero yo sólo tenía un pensamiento: Pol. Estaba viva, no tenía miedo de sentir dolor, pero por primera vez en mi vida tuve la sensación de morir en vida. No sabía dónde estaba él, si estaba solo, herido o buscando ayuda. Al pensarlo no conseguía respirar. Cuando la tierra dejó de temblar tan fuerte, Mike fue a buscar a las dos amigas que se habían quedado atrás, que por suerte también habían podido atravesar el puente y se habían escondido detrás otra roca.

Todo alrededor era un desastre; la geografía del lugar había cambiado y las avalanchas no cesaban. Nos acercamos a un refugio pequeñito que había sido destruido por una piedra. Allí se encontraban una señora nepalí y su hijo, ambos aterrorizados. Yo la abracé para tranquilizarla mientras ella rezaba mantras budistas mirando la montaña que se estaba deshaciendo. Mientras tanto llegó otro chico nepalí que estaba destrozado. Todos juntos nos cobijamos bajo una roca que formaba una cueva. Les preguntamos qué hacer, pero no nos contestaban. Estaban asustados, no hablaban bien inglés y la comunicación era muy limitada. Al final el hijo de la mujer nos dijo:

—*Here no safe.* —Había que bajar por el valle hasta Bamboo.

Los nepalíes se fueron corriendo y yo, mirando hacia el otro lado del valle adonde ellos se dirigían, sólo pensaba: «que lleguen vivos». Vaciamos las mochilas. Al ser el primer día de nuestra caminata pesaban mucho y la bajada hasta

Bamboo prometía ser una aventura. Yo no sabía qué hacer. Dejé la comida y me puse la chaqueta. Las únicas cosas que me llevé fueron el botiquín y mi ukelele. Pensaba que, cualquiera que fuera mi destino, siempre podría cantar algo y hacer sonreír a alguien. La música siempre ayuda, también en las peores situaciones.

Fue increíble comprobar que el camino que acabábamos de hacer ya no existía. Con atención e intentando no mover piedras que hubieran caído de arriba, bajamos hasta Bamboo. En la bajada nos encontramos con otra chica española y su guía nepalí, que se unieron a nosotros. Tuvimos mucha suerte de encontrarnos con los guías nepalíes. Ellos nos iban abriendo camino y pensaban en todo el mundo. Por fin llegamos a Bamboo, después de una hora y pico corriendo por el valle destruido.

La situación allí era bastante dramática. Había unos 20 lugareños y 40 turistas, todos traumatizados: israelíes, holandeses, estadounidenses, una francesa y muchos nepalíes. Todo el mundo estaba delante de un bloque de piedra que, en la medida de lo posible, nos protegía de las avalanchas. Ésa, durante seis días, fue nuestra piedra de salvación.

En Bamboo había dos heridos: un holandés con un brazo roto y un nepalí que tenía un corte en la cabeza porque una piedra le había caído encima. Una señora nepalí lloraba mientras dos hombres la sostenían. Más tarde me contaron que su marido había muerto bajo las piedras. Todas las casas y los refugios se habían derrumbado completamente, menos uno del que sólo quedaba la estructura exterior.

Yo estaba en silencio. Me senté bajo la roca, encendí un cigarro y cerré los ojos. Miraba aquellas montañas y me imaginaba a Pol, que estaba con alguien, y que estaba bien buscando un sitio seguro y tal vez preocupado también como yo.

Dos chicos del grupo israelí tenían un teléfono satélite con el que era posible contactar con el mundo exterior a través de correo electrónico. Después descubrimos que también permitía enviar mensajes a números de teléfono. Al poco de estar allí llegaron las primeras noticias: había habido un terremoto de magnitud 7,9 grados con epicentro a 80 km de Katmandú. La situación en la ciudad era de caos y habían cerrado el aeropuerto por razones de seguridad.

Decidimos reunirnos en asamblea y tomar la iniciativa de crear un campo de supervivencia. Lo primero que hicimos fue montar una carpa con unos plásticos que encontramos fuera de las casas para protegernos de la lluvia, al lado del bloque. A cada temblor, que fueron sucesivos y constantes, nos lanzábamos hacia la enorme piedra y nos cogíamos todos de las manos. Montamos una zona para los lugareños y sus niños dentro de una cueva. Las mujeres sacamos comida, un camping gas, mantas y esterillas de la única casa que había quedado en pie. Los propietarios de los refugios nos vendieron comida y nos alquilaron mantas.

Montamos una cocina y encendimos un fuego para hacer señales de humo, ya que desde ese mismo día empezaron a volar helicópteros hacia los pueblos de más arriba, pero pasaban muy alto y muy rápido.

Fue impresionante ver cómo los nepalíes, a pesar de su dolor por haber perdido todo, se pusieron a cocinar sopa de arroz para todos. Yo saqué el ukulele y empecé a cantar mantras budistas y otras canciones. El grupo me acompañaba. Algunos lloraban, pero conseguí arrancar muchas sonrisas.

Aquella noche fue muy dura. Nadie podía dormir. Estábamos más de 20 personas hacinadas en un sitio con espacio para seis o siete. Llovía y hacía mucho frío. De cuando en cuando se producía un temblor o caían rocas. La noche pasó así, entre mil pensamientos, sobre todo dedicados a Pol. La idea de no saber si había podido salvarse me estaba matando.

Cada día la luz llegaba antes de las 5.00 h y una nueva jornada de esperanza empezaba. Esperanza de salir de allí vivos, y yo de encontrar a Pol sano y salvo. Gracias al espíritu de grupo y a la solidaridad infinita que había entre todos, nació enseguida una gran familia. En el campamento de Bamboo había siempre muchas cosas que hacer y eso nos distraía. Había que ir a buscar el agua al río, hervirla, preparar té y comida para todos...

Un equipo se dedicó a construir una pista de aterrizaje para helicópteros formando una «H» con harina y hojas. Nos reímos mucho porque en nuestro grupo había seis vacas con hambre que se comían la suculenta letra. Shani, una chica israelí, se ocupó de recopilar los correos electrónicos de nuestros padres y envió a su madre un mensaje para que ella avisara a todas las familias y les comunicara que estábamos bien; que teníamos agua y comida y que en algún momento esperábamos la evacuación.

Conforme avanzaban las horas llegaban más nepalíes y turistas desde el valle de Langtang. Estaban destrozados, cansados y asustados. Yo no perdía ocasión de preguntar si habían visto a Pol, un chico de ojos azules y pelo rizado, que se dirigía a Syafru Bensi. Les escribía su nombre en las manos y los brazos. Nadie lo había visto, pero los guías intentaban consolarme diciéndome que si estaba en la zona de Tamang debía estar bien, porque el camino que recorría Pol en aquel momento discurría por la cresta de la montaña.

Contaban los lugareños que muchos pueblos estaban desiertos y en otros había cadáveres por doquier. Al escuchar esas palabras se me doblaban las piernas de dolor y me revolvía de angustia, pero no quería perder la esperanza de encontrarle. Quería caminar adonde fuese para buscarlo, pero todos se esforzaban por convencerme de que debía quedarme allí.

El segundo día las familias de Bamboo decidieron caminar hasta un pueblo situado en la parte alta de la montaña, pues decían que allí era más seguro estar y querían encontrarse con sus familiares. Al cabo de un rato hubo otro temblor, más o menos a la misma hora que el primero. Nos asustamos mucho y volvimos a tumbarnos bajo la roca.

El día 27, los japoneses fueron los primeros en ser evacuados en un helicóptero nepalí alquilado por su compañía de seguros. Al día siguiente llegó otro helicóptero pequeño, esta vez era de una compañía privada de Israel. El grupo se iba haciendo más pequeño. Quien se quedaba empezaba a perder la paciencia. No estaba claro por qué evacuaban a unos sí y a otros no.

El día que iban a evacuar a los dos últimos israelíes me acordé de repente de que, aparte de mi ukulele, en la mochila tenía la tablet, y allí estaba el número del padre de Pol. Aproveché para pedir el teléfono satélite y enviar un mensaje a mi madre y al padre de Pol. No les quería alarmar pero les pregunté si tenían noticias de él. Luego me puse a cocinar espaguetis para todos e intenté distraerme. De repente, llegó la respuesta: Pol estaba en Syabru Bensi y estaba bien. La alegría me hizo gritar tan fuerte que todo el mundo bajó a celebrarlo y nos abrazamos llorando. Hubo fiesta y sonrisas toda la tarde. Ya no me importaba salir de allí lo antes posible, sólo había que esperar para volver a vernos.

Pasamos en total seis días en Bamboo. Los dos últimos, el 29 y 30 de abril, fueron días de impaciencia, pero más felices.

Nos habían avisado de que vendrían a buscarnos. Yo ese día volví a cantar y celebramos la despedida de Bamboo. Vino a salvarnos un helicóptero estadounidense. Nos evacuaron en grupos de cuatro y recuerdo que la carrera hasta el helicóptero fue una de las más emocionantes de mi vida. No tenía aliento pero seguía corriendo. Me subí con Mike y Kate y nos fundimos en un abrazo infinito. Desde el helicóptero el panorama era estremecedor: pueblos devastados, casas derrumbadas, desprendimientos por todos lados, carreteras y caminos destruidos.

Aterrizamos en Dunche, donde habían construido un campamento muy básico para la población local y los turistas. La situación era de caos. Había familias nepalíes con niños muy pequeños que necesitaban mantas y comida y turistas perdidos que esperaban ser evacuados. Allí nos dividieron por nacionalidades y parecía que algunos tendrían helicóptero y otros no. Yo estaba muy cansada; no me había duchado en más de una semana y me dolían los pies. Sin embargo, el cansancio y las molestias se desvanecían al mirar a todos esos niños que jugaban y nos tiraban flores como si para ellos nada hubiera pasado. Sus ojos desprendían esa fuerza que necesitaba para creer que todo iba a salir bien.

Yo sólo quería encontrarme con Pol. Mientras pedía información a la policía sobre las evacuaciones en Syabru Bensi, una trabajadora social de Dunche me vio preocupada y me llevó a un teléfono para que llamara a un colega en Syabru Bensi. No contestaba. Ella me explicó que el hospital, las escuelas y las oficinas estaban destrozados, que era muy triste verlo todo.

Cuando volví al grupo, unos amigos franceses me dijeron que había sitio para mí y para Marta, una chica española de Bilbao, en un helicóptero francés. Yo no sabía qué hacer, no me quería separar del grupo pero ellos me animaron a aprovechar la ocasión y me dijeron que nos encontraríamos pronto en Katmandú. Me fui corriendo con Marta hasta el aparato y allí llegó la mala noticia: sólo podían transportar a franceses, no a italianos ni españoles. Yo no me lo podía creer, habiendo como había sitios libres.

No sé si fue el destino, pero el hecho de no coger ese helicóptero al final fue positivo. Me volví a tumbar en el césped donde estaban los demás a descansar. No paraban de llegar helicópteros. Bajaron primero unos turistas que venían de Syabru Bensi. Les enseñé la foto de Pol en mi cámara de fotos y me dijeron que lo conocían, que estaba aún en Syabru y que si no lo evacuaban ese día, al siguiente caminaría hasta Trishuli para coger un *jeep* y llegar a Katmandú.

Al cabo de muy poco tiempo de aquello vi llegar a Pol. El rencuentro fue como una película. Nos abrazamos y besamos y todo el mundo aplaudía alrededor. No puedo explicar la emoción que sentí. Estábamos vivos y después de una semana de aventura nos volvíamos a ver sanos y salvos. Esa noche lo celebramos con cerveza y comida caliente.

Al día siguiente, un helicóptero militar indio nos evacuó a todos juntos al aeropuerto de Katmandú, donde conseguimos recuperar las maletas. Un día después el gobierno italiano nos organizó el viaje de vuelta a Milán. Salimos de Katmandú el 2 de mayo por la noche y llegamos a Italia el 3.

El día siguiente era mi cumpleaños. Jamás habría imaginado que, en vez de celebrarlo a más de 4.000 metros, lo haría en mi país. Volvimos para ver a nuestras familias, que habían pasado una semana horrible. Pero nosotros teníamos un único pensamiento: el de volver a Nepal lo antes posible a devolver lo que su gente nos había dado.

SÓLO PENSABA EN SALIR DE ALLÍ PARA BUSCAR A SARA
Pol Ferrús (29 años)

Me di cuenta de que algo iba mal cuando noté las reacciones extrañas de los animales. No sabría cómo describirlo. Los pájaros se dejaban caer en picado, los langures —monos típicos del Himalaya— aparecían por todas partes y huían enloquecidos en manada montaña arriba. Uno de ellos nos había acompañado durante el camino hasta el mirador. Hasta entonces todo había ido bien. Mi compañero Gabriel, un francés que hacía su primera ruta de senderismo, no dejaba de «flipar» con los parajes. El paseo estaba siendo tan agradable que, cuando vimos una casita de montaña en mitad del camino con una mesita y un par de sillas fuera, decidimos pararnos a tomar un té y observar la inmensidad de la cordillera más grande del mundo. Aquella escala en Kyansing no estaba prevista pues habíamos descansado un cuarto de hora antes. Pero ahora me doy cuenta de que si no hubiésemos parado, probablemente habríamos muerto. La casualidad, el destino, el karma o vete a saber qué, nos habían llevado a sentarnos en aquellas rudimentarias banquetas desde las que veíamos decenas, centenares de simios corriendo ladera arriba, animales precipitándose montaña abajo y el cielo lleno de aves descontroladas.

Gabriel arrimó bruscamente su banqueta hacia mí. Le miré con cara de pedirle que dejase de vacilarme. Su expresión de «yo no he hecho nada» y de pánico absoluto es lo último que recuerdo antes de la primera sacudida. Empezaron a temblar las tazas y los taburetes en un preámbulo muy breve al gran crujido: un estruendo ensordecedor, una nube de polvo asfixiante y piedras del tamaño de edificios precipitándose por todos lados. Estábamos a 2.000 metros de altitud y las veíamos caer desde los 4.000, ladera abajo, rodando como canicas. El suelo que pisábamos se doblaba y parecía blando, se formaban ondas. Todo vibraba y saltaba por los aires. Las casas de piedra maciza empezaron a derrumbarse como si fuesen de cartón. Lo primero que pensé es que iba a morir.

Cuando la tierra empezó a resquebrajarse, Gabriel y yo corrimos a refugiarnos en una explanada donde no caían piedras. Desde allí oíamos llorar a un bebé. Era el hijo de la familia que nos había servido el té. Pensé en ayudarlos, pero es imposible moverse cuando tienes la tierra centrifugando bajo tu cuerpo. Aquello no paraba. En realidad, la sacudida no duró ni un minuto, pero para mí fueron horas.

Cuando el primer temblor cesó, nuestra primera reacción fue intentar poner a salvo a la familia de nepalíes que nos había atendido. La mujer permanecía de rodillas con su bebé en brazos y su marido los sujetaba a los dos. Todos lloraban. Les ayudamos, recogimos nuestras cosas y decidimos que había que salir de allí cuanto antes. Por la orografía del terreno, aquel lugar resultaba peligroso. Queríamos hacer entender a la familia nepalí que había que subir a una cresta, que parecía el espacio más seguro, pero ellos querían quedarse en su casa, así que salimos corriendo de allí.

No llevábamos ni quinientos metros recorridos cuando el suelo volvió a crujir y perdimos el equilibrio. Esa primera réplica fue tan intensa como el temblor inicial. Tuvimos la suerte de que ya habíamos alcanzado un llano: un campo de cacahuetes donde conocí a Raquel y Jesús, una pareja española que se refugiaba en la misma planicie. Con ellos establecí un vínculo fortísimo desde el principio; probablemente ya sólo por el hecho de encontrar a alguien que habla tu idioma en una situación tan extrema. El primer temblor les había sorprendido desayunando en un albergue del poblado de al lado, Sherpa Gaon. Habían salido a guarecerse a la primera explanada que vieron y allí coincidimos.

Mientras fumábamos para calmarnos se produjo una nueva réplica. Desde nuestra posición veíamos en el horizonte cómo se derrumbaban paredes enteras. Piedras que yo había escalado y que siempre me habían dado una sensación de tremenda solidez, caían sobre el valle como si fuesen los cacahuetes que nos rodeaban. En ese momento me di cuenta de que las piedras estaban arrasando la zona por donde tenía que pasar mi novia. Me puse como loco, perdí el control, empecé a gritar su nombre: «¡Sara!» «¡Sara!» y me desplomé.

Conocí a Sara en Ámsterdam y es mi pareja desde hace tres años y medio. Es italiana y juntos hemos viajado por todo el mundo. Hemos compartido experiencias muy duras, como una vez que sufrimos dengue en Camboya. Volvimos a Europa unos meses para recuperarnos, pero enseguida nos pudo el espíritu aventurero. Teníamos pensado viajar a Sudáfrica a visitar a unos buenos amigos, pero por cuestiones logísticas decidimos que resultaría más fácil encontrarnos todos en Nepal. Allí recorreríamos juntos el valle de Langtang, uno de los espectáculos más impresionantes de la Tierra.

Como yo tenía ganas de subir el pico del Tamang, una etapa que no teníamos prevista en nuestro itinerario, decidí iniciar la excursión por mi cuenta unos días antes. Sara se incorporaría después acompañada de nuestros amigos sudafricanos y de unas chicas australianas, emprendiendo otra ruta por la parte baja, por la zona de Rimche y Bamboo. La idea era que nos encontraríamos todos a la entrada del valle de Langtang para hacer la excursión juntos. Pero tendido en aquel campo de cacahuetes mientras un terremoto devoraba pueblos enteros, tuve claro que ese encuentro, como mínimo, iba a tener que aplazarse.

Yo quería salir cuanto antes a buscar a mi chica pero Raquel y Jesús me retuvieron. Cuando la tierra se tranquilizó salimos del campo de cacahuetes y caminamos hasta Sherpa Gaon, el pueblo en el que Raquel y Jesús habían estado desayunando y que se había convertido en el lugar más seguro de la zona. El poblado había resistido bien. No es más que una aldea de diez viviendas, pero su ubicación sobre la cresta de la montaña había evitado que las piedras se desplomasen sobre ella. Sólo había muerto una anciana a la que la casa se le había caído encima. Los demás trataban de curar a las personas que empezaban a aparecer de todas partes. Cabezas abiertas, huesos destrozados... Estuvo llegando gente durante todo el día.

Cuando vi que empezaba a haber movimiento, entendí que ya había menos peligro. Me envalentoné y quise bajar a por Sara, pero empezó a subir la gente de Rimche. Venían reventados. Los primeros me confirmaron que bajar era imposible, que no había camino porque el seísmo se lo había llevado todo por delante. La angustia me iba a comer. Pregunté por Sara a todas y cada una de las personas que fueron refugiándose en Sherpa Gaon. Por la tarde llegaron unos alemanes con la cabeza apedreada y la ropa destrozada. Me confirmaron, por la descripción que les di, que habían estado desayunando al lado de Sara por la mañana, una hora antes del terremoto. Ellos acababan de comer y el primer temblor los había sorprendido saliendo del albergue. No sabían si Sara había podido escapar, si seguía en Bamboo o en Rimche, si estaba viva o muerta.

Los nepalíes cocinaron desinteresadamente la cena y el desayuno del día después para todos los turistas. Aquella noche Gabriel y yo dormimos en un cobertizo con las zapatillas puestas, porque cada vez que se repetía una réplica, que fueron muchas, salíamos a correr buscando la zona llana. Por si fuese poco empezó a llover y la niebla lo cubría absolutamente todo. No se veía nada a dos metros de distancia. Allí descansábamos, tirados bajo el chaparrón en plena calle y esperando que un temblor definitivo nos llevase por delante. Mi único pensamiento era: «Voy a morir, pero espero que sea rápido». Nunca he experimentado una sensación tan fuerte de, no sé cómo definirlo, ¿adrenalina negativa? Fue la peor noche de mi vida. Yo estaba absolutamente desencajado, ido, fuera de mí. En lo único que pensaba era en salir de allí, en bajar a buscar a Sara.

Convencí a Gabriel de que teníamos que marcharnos al alba. Si las víctimas de Rimche habían llegado a Sherpa Gaon, las de Bamboo habrían ido a refugiarse a Syabrubesi, otro poblado próximo y relativamente seguro. Es la última estación de autobús antes de empezar a caminar; lo más parecido a la civilización. Seguro que Sara había salido hacia allí y nos reencontraríamos en el pueblo, me iba repitiendo. Gabriel y yo salimos a la carrera. Desde Sherpa Gaon hasta Syabrubesi hay una ruta de casi una jornada entera. Nosotros la completamos en dos horas y cuarto por la misma desesperación. Sólo hicimos una parada, precisamente en Kangin, el mirador donde tomábamos té cuando nos sorprendió el primer seísmo. Queríamos ver cómo estaba aquella familia. Nos encontramos a todo el pueblo reunido, intentando convencernos de que no continuásemos. No hicimos caso a las advertencias y seguimos nuestro camino.

Llegamos a Syabrubesi la mañana del 26, en un tiempo

récord y con menos problemas de los esperados. Allí habían dispuesto un improvisado campamento para refugiados. Un chico vascofrancés nos proporcionó la relación de los refugiados. Repasé el papel varias veces: Sara no estaba allí. Me encendí, perdí el control y bajé hasta el valle, haciendo caso omiso de los gritos de Gabriel. Tenía que llegar al otro lado del río. Allí se halla el casco viejo de Syabrubesi, pero el puente estaba destrozado y tuve que sumergirme en las frías aguas para cruzar el río. Tenía la esperanza de encontrar a mi novia allí, pero cuando llegué no había nadie. Ni los propios habitantes. Aquello estaba desierto. Me quedé petrificado. Sólo se escuchaba el ruido de las casas chirriando antes de derrumbarse. Ése era el principio del camino que yo debía emprender para llegar al sitio en el que habían visto a Sara por última vez. De ahí en adelante todo estaba derruido y no quedaba ni un puente en pie. En ese momento asumí que no podía hacer nada, me puse a llorar y salí de allí corriendo.

Volví pronto al campamento y por eso hoy puedo contarlo: en unos minutos se registró otra réplica que arrasó el valle, el río y la zona vieja. Durante esos días se produjeron 250 temblores, pero aquél en concreto pudo costarme la vida. El destino me había ido salvando en varias ocasiones durante el viaje, pero en ese momento yo no era consciente del peligro que acababa de correr y sólo pensaba en mi pareja.

Me senté junto a Miriam, otra española que había perdido a sus dos amigas. Ambos nos pusimos a beber cerveza caliente para consolarnos cuando vimos llegar a un japonés con cuatro sherpas. Había hecho la ruta por la que teóricamente debía llegar mi novia y me confirmó que no había visto a nadie en el camino. Fue demasiado para mí. No quise ni construir el refugio para pasar la noche. Nos acabó ayudando a montar un cobertizo el propio japonés que había comprado varios plásticos allí mismo, en el pueblo. Los habitantes habían sacado todo lo que tenían en sus casas, montando un gran mercadillo improvisado en el campamento. Plásticos, colchones, cortinas... lo vendían todo a precio europeo y quien más pagaba era quien podía fabricarse la mejor cabaña. Las existencias se acabaron. Los nepalíes sacaron todos sus alimentos y cocinaron para mantenernos hasta que se acabó la comida. El hombre que nos preparó la primera cena había perdido a su madre en el terremoto, pero allí estaba, atendiéndonos. Habían sufrido muchísimo y los turistas fuimos un estorbo muy a menudo. Resultaba dramático ver cómo conducían los cadáveres de sus familiares por la calle, en carros, para llevarlos a incinerar, mientras algunos extranjeros se quejaban por cualquier cosa.

El día 27 hubo un momento de alegría con la llegada de dos nuevas excursionistas, una italiana y una francesa. Eran las amigas de Miriam. Me alegré por ellas, pero todo aquello me hacía perder las pocas esperanzas que me quedaban. Ya estaban casi todos. Iba apareciendo todo el mundo menos Sara. Entonces pasaron por allí Raquel y Jesús, la pareja que había conocido en el campo de cacahuetes. Habían hecho noche en Kangin y habían decidido marcharse a pie. Las directrices que les habían dado a ellos, no sé si desde la embajada o desde dónde, eran que caminasen y bajasen por sus propios medios. Por eso apenas se pararon a animarme. Emprendían el camino hacia el campamento más próximo, el de Dunche. Antes de marcharse me dieron un abrazo y toda su fuerza para encontrar a mi chica. Fue la última vez que vi a Raquel con vida. Se mató durante la marcha, al caer por un barranco. Creo que Jesús permaneció tres días al lado del cadáver hasta que vinieron a buscarlos. Me encantaría poder abrazarlo; me ayudaron mucho.

Raquel y Jesús se marcharon y yo me tiré dentro de la tienda de campaña, hecho polvo. Me encontraba fatal. Al poco rato escuché a Gabriel hablando fuera con dos lituanos enormes recién llegados. Venían desde Bamboo y llevaban muchas horas caminando. Me abalancé sobre ellos preguntándoles por Sara. Me pedían fotos.

—Tío, déjate de fotos: una italiana rubia, con ojos verdes y un *piercing* en el labio; te acordarías si la hubieses visto —le intentaba explicar yo. Uno de ellos no dudó:

—*I saw her.* —Casi me vuelvo loco.

Me confirmaron que Sara se encontraba bien y que estaba con un grupo de unas cincuenta personas. Se hallaban en una zona plana entre Rimche y Bamboo cuando había empezado el terremoto y decidieron ponerse a salvo bajo un bloque de piedra enorme que se había quedado encallado entre dos paredes. A partir de ahí me dio igual todo. Me sentía exultante. Yo estaba a salvo y Sara también. No me importaba salir el último de allí si era necesario. Tampoco que la comida y el agua empezasen a escasear.

El día 28 comenzaron a llegar los helicópteros que nos tenían que trasladar a Dunche, un campamento más seguro y mejor comunicado. Aquello resultó indignante. Los primeros en salir fueron los rusos que vestían de Gucci y Dior. Habían contratado seguros carísimos y venían a buscarlos los primeros. Subían a los helicópteros en avalancha, pasando por encima de unos y otros mientras se quedaban en tierra personas con la cadera rota o que había perdido a toda su familia, mirando al cielo tras cada despegue. En cada helicóptero cabían ocho personas pero los últimos vuelos salían sólo con cinco pasajeros. «Si no tienes seguro no te llevamos aunque sobren las plazas. Y tampoco te traemos víveres». Ése es el concepto de humanidad de las aseguradoras. Durante los días 28 y 29 siguieron llegando helicópteros de todo tipo: militares, privados, franceses, indios... pero a nosotros nunca nos tocaba porque España no había mandado a nadie.

Al día siguiente un nepalí me prestó un teléfono y pude llamar a mi padre. Él me confirmó que Sara estaba bien y que la habían trasladado a un campamento próximo a Katmandú, según le había informado la embajada. Como a nosotros nos llevaban a Dunche, el reencuentro tendría que esperar un poco más. Yo le dije a mi padre que lo de salir en helicóptero estaba resultando complicado. Sólo quedábamos los españoles, varios franceses y un grupo de israelíes, y a los nepalíes empezábamos a sobrarles. Allí estorbábamos. No podían estar cuidándonos cuando tenían que preocuparse por rehacer sus casas. Además, lo habían vendido todo. Debíamos salir de allí cuanto antes. Le dije a mi padre que si no podía subir a un helicóptero, el equipo que formábamos Gabriel, Miriam, sus dos amigas y yo saldríamos de allí andando. Era una opción kamikaze pero se estaba convirtiendo en la única. Sin embargo, no nos hizo falta caminar. El 30 a mediodía llegó un helicóptero a llevarse a los franceses. El piloto era nepalí y nos dijo a los españoles que subiésemos. Yo creo que lo hizo por iniciativa propia.

Lo primero que vi en Dunche fue la melena rubia de mi amigo sudafricano a lo lejos. Después de inscribirme en tres registros, entré en el campamento y allí me estaba esperando Sara. La embajada había informado mal a mi padre. No se la habían llevado a Katmandú. Estaba en el campamento de Dunche. Estaba delante de mí cinco días después de habernos despedido. Fue el momento más peliculero de la historia, porque nos dimos un abrazo interminable, empezamos a besarnos, y todos en el campamento aplaudían.

A la mañana siguiente nos dijeron que subiésemos al campamento militar porque los indios habían enviado helicópteros de más de veinte plazas que nos llevarían a Katmandú. Cuando llegamos, las órdenes eran claras: «Sólo mujeres», y nos separaron por sexos. Sara y yo nos pusimos a llorar mientras nos despedíamos. Entonces salió del helicóptero un militar indio y nos gritó a los hombres que corriésemos, que nos dejaba subir.

Llegar a Barcelona no supuso para mí un descanso. Aprovechando que soy licenciado en Derecho y que conozco los trámites, monté una ONG en dos días. Se llama Living Nepal.

Nuestra intención es recaudar todo el dinero posible para volver cuando no estorbemos para llevar ayuda a las zonas en las que estuvimos, para devolverle algo a aquella gente que nos preparó la cena cuando estábamos medio muertos.

LA SOLIDARIDAD DE LOS DESGRACIADOS
Borja Maortua (28 años)

El día más triste de nuestro viaje fue el día que Carlos y yo dejamos atrás los paisajes del portentoso macizo de los Annapurnas. Llegados a nuestro hotel de descanso, dijimos adiós a la adrenalina de ir tentando a la muerte por rutas sin caminos, en carreras por desfiladeros que escupían iracundos piedras del tamaño de nuestras cabezas, avanzando, o más bien nadando, con nuestras cinturas ahogadas en nieve por zonas con altísimo riesgo de avalancha.

¡Un hotel de verdad! Tenía ducha con agua caliente, cama con sábanas y hacía una temperatura que nos hizo olvidarnos del saco y las mantas. Ya estábamos en Pokhara. Tras nuestra excitante y dura aventura recuperaríamos fuerzas durante un par de días y después iríamos a Katmandú a coger nuestro avión.

Cuando llegó el día estábamos descansados y con la obligación de volver a la rutina del trabajo en España. Nuestro vuelo salía al día siguiente a las 8.00 h con escala en Estambul, así que cogimos un autobús en dirección a Katmandú. Con una cierta nostalgia fuimos viendo las fotos de nuestras aventuras. El viaje estaba previsto que durara unas 6 eternas horas en un autobús que consiguió que nuestra adrenalina aflorara de nuevo. Cuando el conductor vislumbraba una curva cerrada, con línea continua y cero visibilidad encontraba la ocasión perfecta para adelantar y hacer que todos los turistas dejáramos de respirar durante unos segundos.

¡Por fin una parada! Con excepción del conductor y del niño que nos cobraba y trapicheaba con la policía, los demás bajamos a toda prisa. Después de ir sobre una especie de montaña rusa nepalí necesitábamos pisar tierra firme. Estábamos en un restaurante de carretera con vistas a un precioso y caudaloso río de color verde transparente. Terminamos de comer en la terraza y, aún sedientos, decidimos entrar a comprar agua para el camino. Pero de un segundo a otro, el suelo empezó a temblar. Todos los clientes del restaurante nos miramos los unos a los otros, algunos con cara de desconcierto y otros asustados. La vibración iba creciendo por décimas de segundo. Las chapas del techo empezaron a chocar entre ellas y las botellas se caían de las mesas.

–¡Corred! –gritó un nepalí en inglés. Carlos y yo salimos deprisa pero despreocupados. Veíamos a gente llorando entre un mar de gritos pero nosotros no fuimos entonces conscientes de la cruel realidad que esperaba al país. El autobús se balanceaba de lado a otro. De repente una moto se abatió a mi lado: agarré el casco y lo dejé a la vera del vehículo. El resto del restaurante seguía vibrando, se cayó también la nevera y después empezó a cesar el letal baile de nuestra madre tierra. Fueron dos minutos , pero eternos.

No hubo heridos. La gente se empezaba a tranquilizar y yo intenté calmar a una niña de rasgos indios cuya madre estaba en estado de histeria. No entendíamos por qué la gente se comportaba así; sólo había sido una experiencia más en nuestras vidas, sin daños importantes. Cuando la gente empezó a sonreír llegó la primera réplica, menos intensa y más corta. La gente ya estaba en la explanada, a salvo. Sólo se oía algún grito solitario y varias conversaciones en distintos idiomas.

Nos montamos en el autobús con una hora de retraso. Una señora india nos censuró a gritos:

—¡Es peligroso, no subáis! —Aun así no podíamos arriesgarnos a quedarnos ahí y perder el avión.

Montados en el autobús, vimos un pueblo de menos de 20 casas, unas pocas de hormigón y la mayoría hechas con chapas y/o ladrillos mal cocidos. Se veían algunas en el suelo y otras afectadas pero aún en pie, como desafiando el suceso. Vivimos dos réplicas más en el autobús y se empezaron a producir varios desprendimientos en la carretera. La quinta réplica ocurrió antes de llegar a un pueblo de unas 50 casas, justo cuando estábamos cruzando un puente. Todos los autobuses y coches que venían por detrás se lanzaron en dirección contraria para alejarse del puente. En cambio, nuestro autobús se quedó sin salida buscando un hueco inexistente mientras el conductor pitaba sin descanso. Pasamos unos 20 minutos dentro del autobús sin movernos más de 10 metros en total. Tiempo suficiente para sentir otra réplica. Decidimos bajar y ver cuál era la causa de esa parada tan larga. Cada vez se veían las casas en peor estado y una grieta de longitud infinita en la carretera separaba la zona segura de la parte cercana al acantilado. Anduvimos cerca de un kilómetro hasta llegar a la causa del atasco. Un gran desprendimiento ocupaba la mayor parte de la calzada. Nadie se atrevía a pasar porque el hueco que quedaba era muy angosto, y por la alta probabilidad de que hubiese más réplicas. Empezamos a ser conscientes de la gravedad del terremoto, pese a que pensábamos que, al ser casas sin cimentación y de una más que dudosa calidad, era normal que se cayesen. Había algún herido leve y mucha preocupación en el ambiente. Percibimos otras dos réplicas. No habían pasado ni dos horas desde el terremoto. Al cabo de dos o tres réplicas más y de una hora de espera, los primeros valientes empezaron a pasar rápidamente por la zona del desprendimiento. Carlos, que tenía el móvil disponible, recibió la llamada de su padre interesándose por su estado.

Ahí fue cuando nos dimos cuenta de que si era noticia internacional, había sucedido algo mucho peor de lo que nos imaginábamos. Luego supimos que el epicentro del terremoto estaba localizado a tan sólo 20 kilómetros de donde habíamos estado comiendo nosotros. Poco a poco la gente se fue movilizando y llegó la hora de subirse al autobús casi en marcha. El conductor debía tener prisa pues convirtió el camino en una carrera contra la muerte adelantando en sitios inimaginables. Sorteó varios desprendimientos como si estuviese en un videojuego.

Línea continua, curva cerrada sin visibilidad, adelantamiento y... frenazo. Dos veces nos pasó lo mismo. Dos veces nos quedamos cara a cara y a un metro y medio de un camión que circulaba por su carril. Fue un alivio pararnos a 22 kilómetros de Katmandú y que el conductor nos dijera que no sabía si podría continuar. Esta duda hizo que Carlos y yo cogiésemos rápidamente la mochila y empezásemos a andar antes de que tuviéramos que hacerlo de noche. Cogimos pues la mochila, sacamos los bastones y emprendimos la marcha rumbo a Katmandú. Éramos los únicos extranjeros andando por esas calles. A partir de este momento empezamos a ver imágenes horribles: casas derrumbadas, heridos de todo tipo y gente inmóvil.

–¿Están muertos? –me preguntaba Carlos.

Nosotros llevábamos un botiquín muy completo: pastillas potabilizadoras, vendas, antibióticos orales e inyectables, ibuprofenos, mantas térmicas, etc. Llevábamos casi todo lo esencial para curar cualquier dolencia durante nuestra ruta por los Annapurnas. Decidimos buscar un hospital de campaña de camino a Katmandú para donarlo todo. Encontramos a varios militares transportando a la carrera a una señora inerte sobre una manta.

–Deben llevarla a un hospital –señalé. Seguimos a los militares hasta su destino, pero aquello parecía más un cementerio que un hospital de campaña.

Al cabo de dos horas andando y ya con el sol dándonos las buenas noches, vimos un taxi libre. No se nos podía escapar. Nos llevó hasta Katmandú por una carretera rodeada de casas a las cuales el terremoto había puesto de rodillas. Tras un par de intentos no consiguió dejarnos donde queríamos. Estaba casi todo cortado. Nos dejó donde pudo y nos fuimos en busca de un hotel seguro. No pasó ni media hora antes de que sintiéramos una nueva réplica.

Nos adentramos en la ciudad por sus estrechas calles en alerta. A cada paso elegíamos una supuesta vía de escape en caso de que se produjera un terremoto. Era una zona delicada. Por el camino vimos varias explanadas llenas de gente con mantas y un ambiente de mucha tristeza. Les ofrecimos nuestras medicinas, pero por suerte nadie las necesitaba. Los edificios estaban despoblados y cerrados. Al final encontramos un hotel con una estructura aparentemente sana. Entramos y sólo quedaban dos habitaciones, aunque el hotel estaba casi vacío. Había algún cliente precavido en la planta baja para, en caso de terremoto, salir corriendo a la explanada de al lado donde se encontraban el resto y parte de la población, cobijados bajo mantas. Subimos a nuestra habitación, con la mala suerte de que estaba en la planta cuarta. Dejamos las cosas y fuimos a llenarnos el estómago en el único sitio que encontramos donde se podía comer. Vivimos varias réplicas más y se fue agotando el combustible de los generadores y con ello la luz y todas las posibilidades de contactar con nuestras familias. Tampoco había conexión telefónica de ningún tipo. Volvimos al oscuro hotel y subimos a dormir.

Cada poco más de veinte minutos se oía a los perros aullar. Este aullido era espeluznante, pues 15 o 20 segundos después llegaba otra réplica. Yo miraba las paredes y éstas parecían no sufrir daños superficiales. Una réplica más fuerte hizo que corriésemos al parque, pero cuando llegamos a las escaleras del hotel cesó.

A partir de ahí mi agotado cuerpo y mi disipada mente se perdieron en los sueños.

El angustioso grito de decenas de familias, seguido del ruido de un edificio cayendo de bruces sobre el suelo, me despertaron de golpe y me hicieron correr de nuevo hacia la puerta.

Era la 1.00 h de la madrugada. No sabíamos dónde estaba el aeropuerto; no había comunicaciones ni luz y nuestro vuelo salía en siete horas. Teníamos que irnos, de modo que metimos el cepillo de dientes y la ropa del día anterior en la mochila y salimos con legañas en los ojos y 14 kg al hombro en busca del aeropuerto.

Las calles estaban desoladas, los edificios también. ¿Dónde estaba la gente? La noche era tan oscura que sólo la luz del frontal de Carlos podía mostrarnos el camino. Yo tenía mi propia linterna frontal cargada y preparada, pero apagada por si había alguna urgencia. No sabíamos si nos haría falta para otro día. ¿Saldría nuestro vuelo? ¿O nos tendríamos que quedar ahí varios días más?

Sólo había gente en los parques o en campamentos levantados en zonas seguras como parcelas sin tejados. Todos compartían té solidariamente. Todavía teníamos las medicinas y queríamos donarlas, pero en todos los sitios que las ofrecimos nadie las aceptó. «¡Ya está! En el aeropuerto habrá militares y ellos sabrán qué hacer con ellas», nos dijimos.

–¡Borja, un taxi, páralo! –exclamó Carlos a voz en grito. Tuvimos una suerte impresionante. No había ni un alma por las calles y de repente un taxi apareció de las tinieblas. Lo cogimos y nos llevó.

El aeropuerto era el único punto de la ciudad que tenía luz. Había muchísima gente. La mayoría estaba durmiendo en el único sitio que se podía: el suelo. Dejamos las mochilas en una esquina y me aventuré en busca de militares para darles las medicinas. Encontré tres grupos y todos reaccionaron igual. Se preguntaban para qué querría su país las medicinas, por qué las donaba, y acabaron rechazándolas y riéndose de mí. Apenado, volví con Carlos. Él se dirigió a la única tienda del aeropuerto a comprar provisiones de sobra para aguantar allí el tiempo que fuese necesario y nos echamos a dormir. Me despertó una espantada de personas gritando que me hizo pegar un salto en dirección a la puerta, pero vi que el edificio podía aguantar mucho más y me tumbé otra vez.

Llegaron noticias y eran maravillosas. Habían abierto el aeropuerto y nuestro vuelo saldría, aunque con cuatro horas de retraso, a las 12.00 h. Fuimos a la puerta de embarque, donde se encontraba una marabunta de gente histérica rogando que la dejaran entrar. Querían acceder como fuera, saliese o no saliese su vuelo, aunque el sitio más seguro era lejos del techo.

Primero salieron todos los vuelos chinos y después los indios. La gente entraban a empujones, sin orden ni educación alguna. Dejaban los carros vacíos de maletas en la puerta de entrada impidiendo al resto de la gente acceder a ella. Al fin llegó el primer vuelo hacia Europa, y era el nuestro. Entramos y estuvimos esperando bastante tiempo a que empezara el embarque. Había alguna grieta en el suelo pero por lo general la estructura se veía decente.

Eran las 13.30 h y al fin llegaba nuestro ansiado embarque. Quedaban cinco minutos cuando tuvimos una despedida inesperada. Otra réplica, la más fuerte, de escala 6,7, sacudiendo el aeropuerto. La gente se lanzaba contra las puertas de la pista de aterrizaje sin el más mínimo cuidado por el que estuviese delante. Harto y furioso me di la vuelta y, mientras movía las manos de arriba abajo, empecé a gritar en inglés a todos:

—¡Relax! ¡Relax! ¡Andad despacio! —Sorprendentemente aquello dio resultado y la gente salió rápido, pero no a lo loco.

El panorama había cambiado completamente. Faltaba muy poco para irnos a casa y de repente no sabíamos qué iba a suceder. Las provisiones habían aumentado mucho de precio y empezaban a escasear. Nos encontrábamos en mitad de la pista de aterrizaje, entre aviones militares humanitarios y el terremoto no cesaba. Seguían llegando aviones, pero no salía ni uno. Entré a la terminal a buscar a algún responsable. Estaba vacía. Sólo había una persona, que resultó ser el encargado y parecía desesperado, con la frente apoyada en la mesa.

—¿Qué haremos ahora? —le pregunté.

—No tengo ni idea —me contestó. Antes de que pudiera replicarle me dijo que subiéramos al avión sin pasar ningún control, y así lo hicimos. Los billetes nos los cogían las azafatas en la puerta del avión. Ni siquiera nos pedían el pasaporte. Finalmente me senté en el asiento y no aguanté ni tres minutos despierto. Había llegado el supuesto final de nuestra aventura.

Nepal ya era el país más pobre de Asia antes del terremoto. Pobre en salud, educación, higiene y empleo. Allí muchos niños no van a la escuela, y así no hay progreso. Pero el materialismo de los visitantes de los países ricos recibe en Nepal una lección magistral de quienes no tienen nada. Ellos no necesitan riqueza para sonreír o ser felices. Sin embargo, el terremoto les ha arrebatado todo. El daño material es tremendo, pero el daño físico y mental que dejamos atrás es aterrador. El impacto que la actitud de los nepalíes tuvo sobre nosotros fue inmenso. La solidaridad que demostraron, incluso en momentos de desesperación, daba todo su sentido al calificativo «humano». Donaban la «nada» y derrochaban todas sus fuerzas en cada una de sus acciones de ayuda.

Por suerte nosotros hemos vuelto sanos y salvos, y gracias a ellos hemos aprendido a ser mejores personas.

Capítulo 6

NEPAL SE MERECE NUESTRA AYUDA

PRAY WORK FOR NEPAL
Cristina Po Wenger

Llevo 20 días en Nepal. Poco tiempo, la verdad, aunque me da la sensación de que no me fui nunca, de que los últimos tres meses no llegaron a pasar. Están tan lejanos… Sin embargo, la vida antes del terremoto parece que transcurriera ayer. Es asombroso lo rápido que se adapta el ser humano a la realidad que le toca vivir en cada momento.

He vuelto a Bhaktapur porque lo considero mi segundo hogar y porque me parecía impensable dejar atrás a los nepalíes y olvidarlos. Si ya sentí un sentimiento de culpa inmenso por marcharme, no me quiero ni imaginar si no hubiese vuelto.

El 25 de abril de 2015 yo llevaba seis meses de voluntaria en la maravillosa e histórica ciudad de Bhaktapur, a 14 km de Katmandú. Colaboraba con la ONG Círculo de Cooperación ayudando en la gestión y funcionamiento de una pequeña escuela, la Saraswati English School. Buscábamos mejorar la calidad de la educación en la escuela y crear un proyecto sostenible, intentando aumentar nuestro número de alumnos con recursos para así poder dar becas a niños que no los tuvieran.

Tenía mi trabajo, mi casa, mis amigos, mi comunidad de vecinos… En fin, había creado allí una vida que me encantaba. Y entonces sucedió el terremoto. Dos días después, mi compañera Ruth y yo nos fuimos a España en el avión fletado por el Gobierno para sacar ayuda de donde fuese y para concienciar a la gente sobre la catástrofe que había sucedido.

Me sentí tremendamente culpable en el momento en que tomé la decisión de marcharme. Había ido de voluntaria y ahora, en el momento en que más ayuda necesitaban, ¿me iba? Pero hablé con el presidente de la ONG y me di cuenta de que por mucho que me doliese y que me quisiese quedar, seguramente iba a ser un estorbo más que una ayuda. No era medico, ni tenía ni idea sobre construcción. Me comería su comida, me bebería su agua, y si me ponía enferma sería su responsabilidad. Había estudiado marketing, y sería de más ayuda desde España.

Y eso hice. Junto a Ruth, madrileña y guerrera, amiga y compañera con la que viví el terremoto, nos pusimos manos a la obra desde el momento en que aterrizamos en el aeropuerto de Torrejón. Charlas, actos en colegios, función benéfica en el Teatro Lara, conciertos, escritos, correos electrónicos, contactos... incluso hablamos en la radio. Seguíamos trabajando con la misma ONG con la que yo había estado colaborando, Círculo de Cooperación. El presidente y uno de los coordinadores seguían en Katmandú, lo que facilitaba mucho el trabajo. Y todos los días hablaba con alguno de mis amigos. Cada vez que veía a alguien conectado a Facebook les bombardeaba con preguntas.

Nuestra ONG se asoció con un grupo local llamado Earthquake Action Bhaktapur, y más tarde con una ONG nepalí, Youth Action Nepal, que había conseguido movilizar a 500 voluntarios y que no sólo repartía ayuda de emergencia, sino que trabajaba en labores de reconstrucción, construcción de refugios temporales, campamentos motivacionales para la gente joven afectada y en la construcción de escuelas temporales. Canalizábamos los fondos a través de ellos y cada día veíamos cómo los proyectos iban avanzando, lo que nos daba más fuerza para empujar y concienciar a la gente.

Pensaba en Nepal y trabajaba para sacar fondos todas las horas posibles del día. Lo primero que hacía al despertarme era encender el portátil y lo último antes de dormir, apagarlo. Ayudar a Nepal y conseguir dinero se convirtió en una obsesión. No tenía interés en quedar con mis amigos ni perder el tiempo haciendo nada que no fuese trabajar. Tenía tantas ganas de volver... Se lo repetía a todo el mundo: «en mes y medio vuelvo». Al final ese tiempo se duplicó, y menos mal. También necesitaba desconectar. Al cabo de 6 semanas de estar en casa empecé a tranquilizarme y a dejar de sentirme tan responsable por todo.

Otros pensamientos empezaron a rondarme la cabeza: ¿De verdad quería volver? ¿Que iba a poder hacer allí? ¿Mis amigos querían que volviese? Empezaron a surgirme inseguridades varias... pero hablé con la ONG y quedamos en que volvería, trabajaría cinco meses y ya veríamos. En mi cabeza ya empezaba a hacer planes post-Nepal. No me iba a quedar atada a un país. Iría, ayudaría en lo que pudiese y me iría a trabajar a otro lugar. A Italia, a Lisboa, al Caribe... Inocente de mí! Fue aterrizar en Nepal y saber que de allí no me iba a ir tan fácilmente.

A principios de julio compré mis billetes. El 31 salía de Madrid y el 1 de agosto aterrizaba en Katmandú. Mi amigo Ángel vino a recogerme al aeropuerto. Sabía que me iba a hacer ilusión verle pero no me imaginaba cuánta. Solté las maletas y me abalancé sobre el. Ese día no dejé de sonreír en ningún momento. Leo los mensajes que mandé a mi familia y a mis amigos durante el terremoto y los encuentro tan dramáticos que parecen de una película. ¿De verdad escribí eso? ¿De verdad pasé tanto miedo? He contado la historia tantas veces en los últimos meses que parece que la he externalizado, y a base de repetirla sé perfectamente lo que sentí, lo que pensé, el miedo que pasé, y sin embargo no me acuerdo de haberlo sentido ni de haberlo pensado. Está lejos y no tiene importancia. Pasó y punto. Ahora nos centramos en el presente y en el futuro.

¿Y qué ha sido de Nepal? Pues aquí sigue. Y al igual que yo, parece que la gente no quiere seguir pensando en lo que pasó, sino en el día a día y en cómo seguir sorteando problemas que ya existían antes, problemas de educación, de nutrición, de higiene, de agua, de electricidad, de protección del menor...

Al día siguiente volví al colegio y cuando los niños se abalanzaron sobre mí cualquier temor que pudiera tener desapareció. Tras unas horas fue como si nunca me hubiese ido. Había unos diez niños más en la escuela, lo que me motivó muchísimo. Nuestra meta todo el año anterior había sido conseguir aumentar el número de estudiantes, y había resultado.

Lo que me encontré a mi vuelta me encantó. El terremoto no había deprimido a las profesoras ni lo habían usado como excusa para aflojar y lamentarse. Al contrario. Todo el mundo parecía mucho más proactivo, motivado y fuerte. Las profesoras se implicaban más, la directora se había convertido en líder y los niños avanzaban rápido. «Parece que ahora tienen más ganas de aprender» me decía una de las docentes. Me sentí extremadamente orgullosa de ellas.

Los primeros días los pasé readaptándome, en el colegio por las mañanas, y por las tardes subiendo a las colinas con mis amigos en moto, bebiendo *chang* (cerveza de arroz) y observando la puesta del sol sobre el valle de Katmandú. El paisaje está precioso por el monzón. No se ve el Himalaya, pero los campos y las colinas son de un verde intensísimo, y cuando la luna asoma entre las nubes por la noche, es de un brillante espectacular. Tengo suerte de estar en un país muy bello.

Me da la sensación de que en Nepal tu mente está tranquila. Empiezas tu día con el ajetreo de los vecinos y cuando te vas a dormir lo cierras. Por mucho caos que haya no siento estrés nunca ni me llevo las preocupaciones a la cama. He aprendido que en este país las cosas al final siempre salen. Todo a su debido tiempo. No merece la pena agobiarse.

Estoy sentada en la plaza Durbar, la plaza del palacio de Bhaktapur, dándome el capricho de venir a una pensión a comer algo mientras trabajo con el portátil. Hoy no ha llovido, hace un día precioso y me puedo sentar afuera. Me han servido un sándwich club digno del VIPS y me está sabiendo a gloria después de un mes a base de arroz, lentejas y fideos con verduras.

Se pasea por la plaza un grupo de chicas con tacones. Siempre me pregunto cómo pueden ser capaces de andar por este suelo medieval con esos zapatos. Los grupos de chicos dan vueltas con sus motos y las parejitas cuchichean sentadas en los porches y en las escaleras de los templos. Los ancianos se reúnen en corros, con sus calzas y sus sombreros típicos, apoyados en bastones de a saber qué año, y las mujeres pasean con sus niños y nietos, vestidas en coloridos *saris*. Y todo esto bajo la atenta mirada de los dioses hindúes que habitan en los templos centenarios de la plaza. ¿Quién diría que hace tres meses se derrumbó el mundo?

Pero sí, hace tres meses el mundo sí se derrumbó, y como es lógico, todavía se nota. Hay grupos enteros de casas destruidas en Bhaktapur, y tiendas de campaña y refugios temporales por todas partes. Miles de colegios aniquilados en el valle de Katmandú y familias que no saben cuándo podrán reconstruir sus casas. El gobierno dará préstamos a las familias para que reconstruyan su hogar, pero, ¿y esa gente que no tiene dinero para devolver el préstamo? En el campo quizá sea más fácil. Reconstruirán con los recursos naturales con los que han construido desde hace años. Tienen sus cosechas, su ganado... ¿Pero en las ciudades? Los negocios, los sueños, los proyectos de futuro, se desvanecieron en medio minuto. Eso no quita que en las zonas rurales la gente también haya sufrido. El terremoto y las lluvias desencadenaron grandes corrimientos de tierra que se llevaron por delante pueblos y cosechas. El apoyo de las ONGs y de los grupos de ayuda locales va a ser necesario durante mucho tiempo para que todo vuelva a la normalidad.

El otro día le pregunté a una de las profesoras cómo se sentía. «Mi vida ha vuelto a la normalidad, he vuelto a mi rutina. Pero cuando veo los escombros y los hogares destruidos siento a la muerte dentro de mí. Murió tanta gente... La ciudad era Patrimonio de la Unesco y un segundo después no era más que un desastre de ladrillos y maderas. Pero ya teníamos problemas en Nepal, y éste es uno más. Qué le vamos a hacer». Y sí, ésa parece la opción de muchos: no mirar atrás, sino adelante.

Y eso he notado estos últimos días, con las celebraciones del Gai Jatra, el festival de la vaca que conmemora a los fallecidos del año. Dicta la tradición que cada familia que haya sufrido la muerte de algún pariente, debe salir en procesión con una vaca por las calles de Katmandú, adorando a Yamaraj, el dios de la muerte. Sin embargo, la tradición ha ido cambiando poco a poco y el festival se ha ido transformando hasta convertirse en un carnaval.

Me encanta la forma en la que se celebra este festival que permite a la gente aceptar la realidad de la muerte, que ayuda a calmar el dolor y la pena, aunque sea un poco. Al ver a tanta gente en la misma situación, aquél que ha perdido a un ser querido sabe que no está solo en su desgracia.

Todavía no he ido a la plaza Durbar en Katmandú, ni a la estupa de Boudhanath, ni a Changu Narayan. Muchos de los sitios turísticos no los he visto todavía, pero he hablado con turistas que no los conocían antes del terremoto y les siguen pareciendo preciosos y espectaculares. Nepal es un país que vive del turismo, y el terremoto obviamente ha afectado en gran medida a este sector, pero es un país tan maravilloso y con tantísimo que ofrecer que no me cabe la menor duda de que pronto el viajero aventurero con sed de lo nuevo y misterioso volverá. Nepal es demasiado especial para perdérselo.

Muchos monumentos históricos han sido afectados, pero no todos. Y aquéllos que sí están afectados se están reconstruyendo y siguen siendo bellos. Cuando llegué a Bhaktapur aún llovía todos los días. Había barro y escombros por todas partes, y cuando te salías de las calles principales veías el efecto destructor del temblor. Pero a las dos semanas los escombros de las calles principales ya no estaban. Y ya está empezando a salir el sol. Se acerca el final del monzón y Bhaktapur volverá a brillar. La ciudad de ladrillo, de los templos en cada esquina, de ancianas en trajes típicos *newari* vendiendo cebollas y tomates, pesándolos en pesas de por lo menos 50 años. Cabritillos corriendo por las calles, pastores de patos, niñas vestidas con sus uniformes blancos cuchicheando mientras caminan hacia el cole y los adolescentes les toman el pelo. Mujeres cargando con fardos de hierba más grandes que ellas mismas.

Ancianos fumando en las esquinas y observando el mundo pasar. Te saludan: «¡Námaste, Námaste!» y sonríen, enseñándote una gran cantidad de huecos en sus dentaduras. Y el atardecer, con esos porches en tantas esquinas, con lamparillas de aceite y diez hombres cantando y tocando los instrumentos tradicionales. Y luego la noche, la oscuridad, el silencio y esa luna. Aunque no llueva, se ven relámpagos lejanos en las montañas que iluminan el cielo durante unos segundos, y justo entonces ves volar por encima de tu cabeza una lechuza blanquísima, y ya sabes quién emite los chillidos que escuchas entre sueños. Bhaktapur te transporta a otro mundo, a una ciudad medieval donde parece que no pasa el tiempo. Pero de repente pasa por delante una Yamaha R15, con luces de neón y tres chavales subidos a ella, vestidos a la última y cantando música de Kanye West, y no puedes evitar reírte.

Mucha gente me ha dicho que tengo mucho valor por dejarlo todo y volver a Nepal. Pero sinceramente, no lo veo como si dejara atrás mi vida, sino como si regresara a otra vida paralela. Estoy volviendo a un segundo hogar, volviendo a mis amigos, a mis niños, a mi tipo de vida allí.

Me imagino quedándome en Nepal mucho tiempo, y por supuesto trabajando en la cooperación. El trabajo ha aumentado debido al terremoto, pero como ya he dicho, los problemas ya existían antes, y uno de los más sangrantes, y que ha aumentado tras el terremoto, es el tráfico de niños.

Por eso, a cualquier persona que esté leyendo estas líneas y que tenga intención de aportar algo al desarrollo de Nepal, le recomiendo que investigue, lea y relea. Es muy importante entender dónde acabará su ayuda y el impacto que tendrá. Muchas veces queremos ayudar y al no saber cómo, hacemos más daño que otra cosa.

También os animo a que vuestras próximas vacaciones las paséis en Nepal. A pesar del terremoto, hay cientos de parajes bellísimos, templos, monasterios y rutas de senderismo que os marcarán de por vida. Y la esencia sigue aquí, una esencia centenaria que transmite la población a través de su cultura, su religión, sus festivales, su comida, y lo más importante, a través de conversaciones maravillosas en torno a una taza de té.

Yo por mi parte seguiré en Nepal un tiempo, no sé cuánto, pero me imagino que bastante. Mi cabeza no para de darle vueltas a nuevos proyectos e ideas futuras. Todavía no he saciado mi sed de Nepal.

Ubicación de los autores en el momento del terremoto

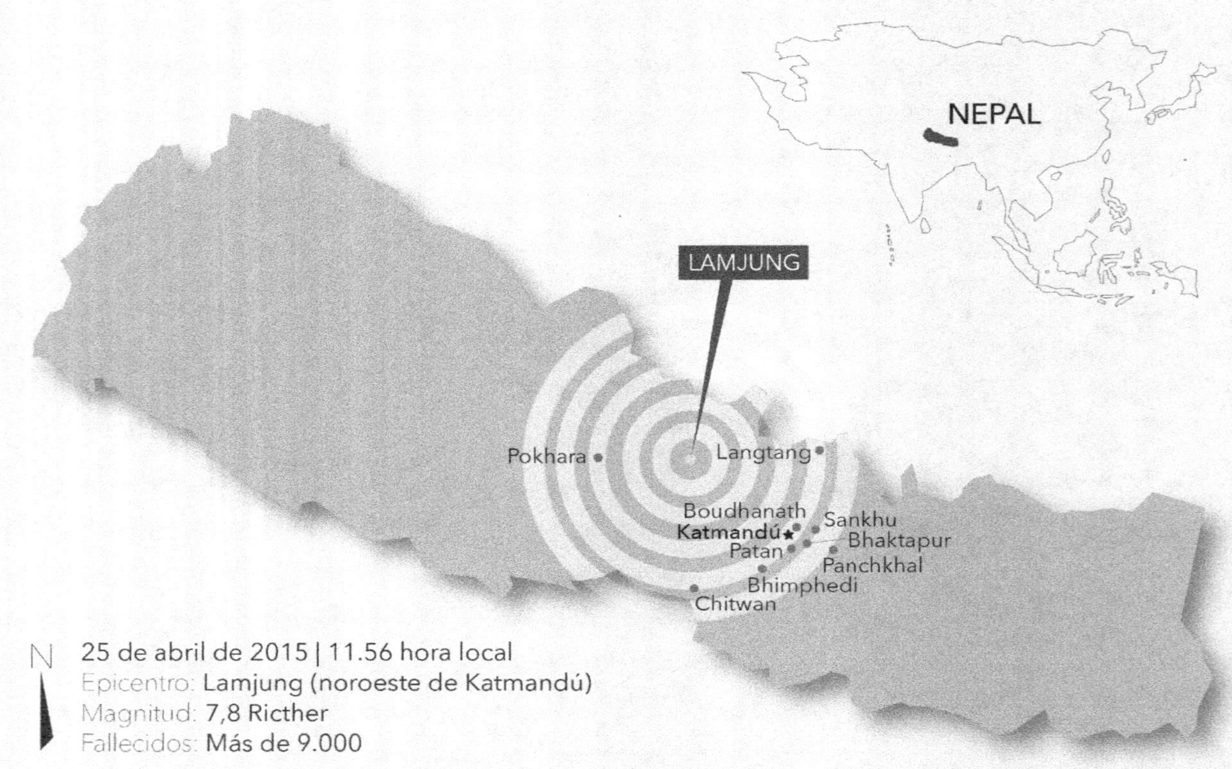

BHAKTAPUR

Una verdadera lección de vida | Claudia y Ferran

Cuando no sabes si lo que estás viviendo es una pesadilla | Ruth Aréjula Trejo

BHIMPHEDI

El día que Nepal se convirtió en un infierno | Ramón Feixa

Aquello que me llevó a Nepal | Juan José Rodríguez

BOUDHANATH

Títeres en manos de la Madre Tierra | Jota Martínez Galiana

...Y la vida sigue como si nada hubiera pasado | Jordina Anguera

Un día que recordaré toda la vida | Jordi Roig

De la incertidumbre a la acción | Miguel Pérez

Tiemblan la tierra y el corazón | Yolanda Ruiz

CHITWAN

El destino se burla de ti, pero en ocasiones para bien | Lara Buj Carceller y Diego Miralles Vidal

KATMANDÚ

5 minutos | M. (Aeropuerto)

De las risas de los niños a los gritos de desesperación | Rocío Vila Miralles y Diego Gómez Herrero

El 25 de abril no era nuestra hora | Montse Martínez

Las cosas pasan por algo | Fani Mateus (Thamel)

Nepal, devastado | María Fernández Busto, Carlos Márquez Fuertes y Sheila Suárez Fernández (Templo Pashupatinah)

Todo puede acabar en 30 segundos | Javier Picón y Estrella Lorenzo (Templo de los Monos o Swayambhunath)

Crónica de una despedida no anunciada | Alba Castellet Menchón

¿Has notado ese temblor? | Alba del Bas Ramírez

Música para devolver las sonrisas | Albertina Barceló

Nadie está a salvo de nada | Mónica Larios

La fortuna de vivir y la determinación de no olvidar | Melania Pérez Cabeza e Iris Lara Felipe Muñoz (Thamel)

Un aterrador final para unos días magníficos en Nepal | Marta Caminal

Cuando celebrar la vida tiene un sabor agridulce | Shanti

PANCHKHAL

Ni rastro del superhéroe | Resflo

PATAN

La gran afortunada | Monika Ferlewicz

Afortunados y renacidos | David de Dios y Rosa María Para

POKHARA

La solidaridad de los desgraciados | Borja Maortua

Los pétalos de Nepal | Gonzalo Louro

Una vivencia imborrable | Salvador Navines

SANKHU

Un momento sublime de completa indefensión | Fátima García de Andrés

VALLE DE LANGTANG

Quería caminar adonde fuera para encontrar a Pol | Sara Pavone

Solo pensaba en salir de allí para buscar a Sara | Pol Ferrús

Con la colaboración de